BRIDE STORIES

Kaoru Mori

4

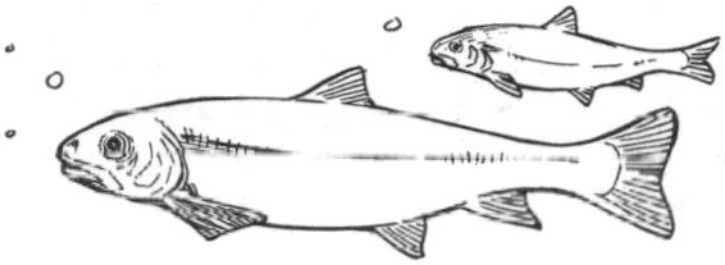

Sommaire

Chapitre 18 : Entrevue 3

Chapitre 19 : Les jumelles de la mer d'Aral 35

Chapitre 20 : Un gros poisson 59

Chapitre 21 : Jumelage 107

Chapitre 22 : Entraînement intensif pour jeune mariée 155

Bonus : Le marché aux chevaux 175

TAP
SNIF
SNIF

Chapitre 18 : Entrevue

ウォォォォ
OUUUH
CE LOUP N'EST PAS LOIN...
ウォーォォォ
OUUUH

QU'EST-CE QU'ON FAIT ?
ON CHANGE DE CHEMIN ?
PAS LA PEINE...
IL EST SEUL...
ON CONTINUE !
C'EST ABSOLUMENT...
INADMISSIBLE !
PARCE QUE VOUS AVEZ ÉCHOUÉ À RAMENER AMIR...
NUMAJI A ROMPU TOUTE RELATION AVEC NOUS...
ET S'EST EMPARÉ DE NOS TERRES !

DEPUIS CETTE CUISANTE DÉFAITE...
NOUS SOMMES LA RISÉE DE TOUS !
L'HIVER APPROCHE ...
ET NOUS MANQUONS DE PÂTURAGES...
À CE TRAIN-LÀ, NOS TROUPEAUX VONT MOURIR DE FAIM, ET NOUS AVEC !
ÉCOUTE-MOI, AZHER...
TU VAS TE RENDRE CHEZ LES BERDAN ET TENTER DE CONCLURE UNE ALLIANCE AVEC EUX !
MAIS PÈRE...
CES GENS SONT DU CÔTÉ DES RUSSES !
AURIEZ-VOUS L'INTENTION DE PACTISER AVEC L'ENNEMI ?!
JE N'AI JAMAIS PARLÉ DE PRENDRE LE PARTI DES RUSSES !
LE CLAN BER DAN ET NOUS PARTAGEONS DE LOINTAINS ANCÊTRES...
QUEL MAL Y A-T-IL À UNIR NOS FORCES ?
ET D'ABORD, CE NE SONT PAS CES BARBARES...
VENUS DE L'AUTRE CÔTÉ DE LA FRONTIÈRE QUI VONT NOUS EFFRAYER !
ON NE VA PAS SE LAISSER ANÉANTIR EN SILENCE !!
NOUS REPRENDRONS NOS TERRES À NUMAJI !

JORUK ...
TU AS BIENTÔT FINI ?
PAS LA PEINE DE SE PRESSER !
PRENONS NOTRE TEMPS...
C'EST PEUT-ÊTRE NOTRE DERNIER VOYAGE, APRÈS TOUT !
REVENIR FAIT AUSSI PARTIE DE NOTRE DEVOIR...
ON N'EST VRAIMENT QUE DE SIMPLES COURSIERS...
POUR EUX !

MÊME SI C'EST LE CAS...
NOTRE MORT NE SERA PAS VAINE !
JE PARS DEVANT ...
RE-JOIGNEZ-MOI QUAND VOUS AU-REZ FINI !
FRSH

NOS CLANS SONT FRÈRES, UNIS PAR UN ANCÊTRE COMMUN...
ET UNE ALLIANCE NOUS RENDRAIT PLUS FORTS !
HMM... EFFECTIVEMENT !
ÇA M'ÉTAIT SORTI DE LA TÊTE...
VOTRE ENNEMI SERA LE NÔTRE...
ET NOUS VOUS APPORTERONS UN SOUTIEN INCONDITIONNEL !
C'EST TRÈS BIEN...
MAIS J'AI OUÏ DIRE QUE VOUS AVIEZ QUELQUES SOUCIS, EN CE MOMENT...
SI JE SUIS TON RAISONNEMENT...
VOTRE ENNEMI SERA AUSSI LE NÔTRE...
EST-CE QUE TU EXIGERAIS DE NOUS...
UN SOUTIEN INCONDITIONNEL ?

ET VOILÀ ...
ON EST MORTS...

TRÈS BIEN !
NOUS ACCEPTONS !
LE SANG EST PLUS ÉPAIS QUE L'EAU...
ET SES LIENS PLUS SOLIDES QUE L'ACIER !
SI NOUS UNISSONS NOS FORCES...
NUL N'OSERA S'OPPOSER À NOUS !
IL FAUDRA EN DISCUTER EN BONNE ET DUE FORME...
FIXEZ LA DATE ET LE LIEU !
D'ACCORD !
TU ES SÛR QUE C'EST UNE BONNE IDÉE ?
LES TROUPES, ÇA S'USE...
PLUS ON A DE SOLDATS, MIEUX C'EST !

IL A ACCEPTÉ FACILEMENT, EN FAIT...
HEUREUSEMENT QUE TOUT S'EST BIEN PASSÉ...
C'EST CE QUE TU CROIS...
JORUK ?
BEN ...
ON EST ENCORE EN VIE, QUAND MÊME !
ET MAINTENANT, ON PEUT...
SE PRÉSENTER DEVANT LES ANCIENS LA TÊTE HAUTE...
NON ?
CRR
!
VSH

AZHER !
CATACLOP
EH, ATTENDS !
POURQUOI TU PRENDS LA MOUCHE ?!
AZHER !!
...
CLOP
CLOP
CLOP

GRRR...
GROAR

AMIR ? TU VEUX QUE JE TE PEIGNE ?
OH...
MERCI !
ON M'A DIT QUE TA FAMILLE AVAIT PEUT-ÊTRE DE GRAVES ENNUIS...
TU DOIS ÊTRE INQUIÈTE ...
LES MONTAGNES SONT VASTES...
IL S'AGIT SANS DOUTE DE QUELQU'UN D'AUTRE...
ESPÉRONS-LE !
...
QUELLE BELLE CHEVELURE TU AS...
ÉPAISSE ET SOYEUSE !

TIENS ...
TU DEVRAIS ESSAYER ÇA !
QU'EST-CE QUE C'EST ?
DU PARFUM ...
APPROCHE !
ÇA SENT BON !
N'EST-CE PAS ?
TU EN VERSES UN PEU DANS TES MAINS...
MAINTENANT, TOURNE-TOI !
TU PEUX L'APPLIQUER N'IMPORTE QUAND...
MAIS C'EST ENCORE MIEUX APRÈS S'ÊTRE MOUILLÉ LES CHEVEUX, IL TIENT PLUS LONGTEMPS ET DÉGAGE UNE ODEUR PLUS FORTE !
...

QU'EST-CE QU'IL Y A DEDANS ?
DES ROSES !
C'EST QUOI ?
DES FLEURS VENUES DE PERSE...
ELLES ONT DES ÉPINES, COMME LES CHARDONS, MAIS ELLES SENTENT TRÈS BON !
PING
TU SAIS QUE MON MARI S'EST RENDU EN PERSE, RÉCEMMENT ?
IL M'A RAPPORTÉ CE FLACON EN SOUVENIR !
C'EST UN PRODUIT RARE...
ALORS J'EN FAIS PROFITER TOUT LE MONDE !
C'EST DE L'HUILE ?
OUI !
TU PEUX EN METTRE OÙ TU VEUX !
MÊME SI NORMALEMENT, C'EST SURTOUT POUR LES CHEVEUX...
APPAREMMENT, ON PEUT AUSSI SE PARFUMER LES BRAS ET LES JAMBES AVEC !

PLAF
AH BON ?
VOILÀ ...
EUH ...
NON...
CE N'EST PAS CE QUE JE VOULAIS DIRE...
PLUTÔT PRÈS DES CHEVILLES !
...
DÉCIDÉMENT...
ELLE M'ÉTONNERA TOUJOURS...

NE RANGE PAS LA BASSINE ...
JE VAIS ME PARFUMER AUSSI !
D'ACCORD !
...
TU VEUX DE L'AIDE ?
NON, C'EST BON !
JE ME DÉBROUILLERAI TOUTE SEULE !
J'Y VAIS, ALORS !
BIEN ... HEIN ?
UNE SECONDE !
TU COMPTES SORTIR DANS CETTE TENUE ?!
NE T'INQUIÈTE PAS !
KARLUK N'EST PAS ENCORE RENTRÉ !
NON...
NON NON NON !
HABILLE-TOI COMME IL FAUT !

ÇA IRA, JE T'ASSURE !
PAS QUESTION !
LA SITUATION EST GRAVE ...
LES RUSSES NE VONT SÛREMENT PAS S'ARRÊTER LÀ !
ET DIRE QU'À L'HEURE OÙ NOUS DEVRIONS NOUS UNIR...
CERTAINS CLANS SE METTENT À LEUR SOLDE EN ÉCHANGE DE TERRES ET DE POSTES IMPORTANTS !
C'EST RIDICULE !
À CE RYTHME, QU'EST-CE QUI VA NOUS RESTER ?
LA PERSE AUSSI EST MENACÉE ...
À PROPOS, YUSSUF, TOI QUI Y ES ALLÉ RÉCEMMENT, TU PEUX NOUS DIRE...
COMMENT ALLAIENT LES CHOSES ?
EH BIEN ...
LES RUSSES N'AVAIENT PAS ENCORE AVANCÉ JUSQUE-LÀ...
IL SEMBLERAIT QU'ILS RÔDENT DE L'AUTRE CÔTÉ DE LA MER CASPIENNE ...
CE N'EST QU'UNE QUESTION DE TEMPS ...
MAIS NON, LES PERSES NE VONT PAS SE LAISSER FAIRE SANS RÉAGIR, ENFIN !

EN TOUT CAS, IL FAUT ÉCHANGER UN MAXIMUM D'INFORMATIONS AVEC LES VILLES ALENTOUR...
AFIN DE SE TENIR AU COURANT DU MOINDRE PROBLÈME AU PLUS VITE !
BONNE IDÉE !
AU FAIT, KARLUK...
LE CLAN EN CONFLIT AVEC LES RUSSES DANS LES MONTAGNES...
IL NE S'AGIT PAS DES HARGAL, APPAREMMENT !
TU ES SÛR ?!
EN PERSE...
J'AI RENCONTRÉ UN HOMME QUI DISAIT S'ÊTRE ENFUI DE LÀ-BAS...
ALORS LA FAMILLE D'AMIR...
NE SERAIT PAS CONCERNÉE...
AMIR !
AMIR !
ET DONC...
D'APRÈS CE QU'IL A ENTENDU...
CE N'EST SANS DOUTE PAS TA FAMILLE...
EN PLUS, ÇA SE PASSE LOIN DE CHEZ EUX !
VRAIMENT ?

TU ES SOULAGÉE ?
OUI !
TIENS ? IL Y A UNE BONNE ODEUR DANS L'AIR...
SEYLEKE M'A OFFERT DE L'HUILE PARFUMÉE !
HMM ...
TU SENS TRÈS BON !
TU TROUVES ?

EST-CE QUE LE REPAS EST PRÊT ?!
L'EAU DU BAIN EST CHAUDE ?
LA COUR INTÉRIEURE EST PROPRE ?
BIEN, BIEN...
L'AFFAIRE EST D'IMPORTANCE...
ON NE PEUT SE PERMETTRE AUCUN FAUX PAS !
CHÉRI, POUR PARIYA ...
OH LÀ LÀ !
OUI, JE SAIS...
FAIS-LUI DÉJÀ PORTER SES PLUS BEAUX ATOURS !
TOUT DE MÊME, QUELLE AUBAINE ...
PARIYA ?
OUI...
IL SEMBLE QU'ELLE AIT BEAUCOUP PLU AU PÈRE DE CE GARÇON...
ET CELUI-CI TIENT ABSOLUMENT À VOUS RENDRE VISITE...
POUR S'ENTRETENIR AVEC VOUS !

LES VOILÀ !
ILS ARRIVENT !
ILS VIENNENT D'ENTRER DANS LA VILLE !
OH, TRÈS BIEN !
LE FIANCÉ EST AVEC EUX !
ILS NE SONT PAS ENCORE FIANCÉS !
ÇA VA ALLER, CALME-TOI !
ILS VIENNENT SEULEMENT DISCUTER AVEC TON PÈRE !
TU AS BIEN COMPRIS ?
SI JAMAIS ILS TE REGARDENT...
JE LES SALUE AVEC LE SOURIRE !
ET TANT QU'ON NE TE DEMANDE RIEN...
JE N'OUVRE PAS LA BOUCHE !!
SOURIRE !
GH...

ASSEYEZ-VOUS, JE VOUS EN PRIE !
C'EST UN HONNEUR DE VOUS RECEVOIR !
FAITES COMME CHEZ VOUS...
UN PEU DE THÉ ?
AVEC PLAISIR !
QUELLE BELLE DEMEURE VOUS AVEZ LÀ !
IL A JUSTE L'ÂGE QU'IL FAUT !
ET ILS ONT L'AIR D'AVOIR UN BON TRAIN DE VIE !
TOUT SE PASSE BIEN ?
CHUT !
COMME NOUS SOMMES DANS LE COMMERCE DE LA POTERIE...

CRRR
OH, VRAIMENT ?
VOUS AVEZ UN ATELIER ?
VOYEZ-VOUS ÇA...
ET SI TU DEMANDAIS...
À CETTE JEUNE FILLE DE TE FAIRE FAIRE UNE PETITE VISITE ?
QU'EST-CE QUE VOUS EN DITES ?
VOUS ÊTES D'ACCORD ?
HEIN ?
JE N'Y VOIS AUCUN INCONVÉNIENT, BIEN SÛR...
SI PARIYA VOUS CONVIENT, HA HA HA !
ATTENTION...
SURTOUT, NE T'EMPORTE PAS !
ET NE PRENDS AUCUNE INITIATIVE !
...

VRSH
GÉNIAL !
C'EST LA PREMIÈRE FOIS QUE JE VOIS UNE FABRIQUE DE POTERIES !
C'EST QUOI, CET OBJET ?
UN TOUR DE POTIER !
ET LÀ, C'EST DE LA GLAISE...
ET CE PRODUIT ?
DE LA BARBOTINE...
C'EST QUOI ?
ÇA SERT À COLLER LES MORCEAUX DE GLAISE ENTRE EUX...
OH...
ET CES OUTILS, ILS SERVENT À QUOI ?
ILS S'UTILISENT...
COMME ÇA...
ATTENDS, REFAIS VOIR !

AH !
PAF
BAM
AÏE !
QU'EST-CE QUI TE PREND ?!
MAIS...
C'EST ...
C'EST DE TA FAUTE !
COMMENT ÇA ?!
JE N'AI RIEN FAIT !
SI !
QUOI DONC ?!
DIS-MOI !
QUELLE IMPORTANCE ?!
EN TOUT CAS, NE T'APPROCHE PAS DE MOI !!

JE NE SAIS PAS DIRE DES CHOSES GENTILLES COMME LES AUTRES !
ALLONS, CE N'EST PAS VRAI !
MAIS SI, IL ME DÉTESTE, MAINTENANT !!
AH BON ?
OUI !
FORCÉMENT !
POURTANT, J'ÉTAIS SÛRE QUE CETTE FOIS, C'ÉTAIT LA BONNE !
MOI, JE T'AIME BEAUCOUP !
CE N'EST SANS DOUTE QU'UN LÉGER MALENTENDU, TU NE CROIS PAS ?
DE TOUTE FAÇON, JE NE LES REVERRAI PLUS...
JE LES AI OFFENSÉS !

ET SI TU ESSAYAIS D'EN PARLER À TON PÈRE ?
DEMANDE À LES REVOIR !
IL SUFFIRAIT PEUT-ÊTRE QUE TU T'EXCUSES ?
JE NE SAIS PAS TROP POURQUOI ...
MAIS ELLE N'A PAS ARRÊTÉ DE ME CHERCHER DES NOISES ...
TU AS FAIT QUELQUE CHOSE POUR L'ÉNERVER ?
MAIS NON !
JE T'ASSURE !
EN TOUT CAS, C'EST BIEN, ELLE NE MÂCHE PAS SES MOTS !
ELLE N'EST PAS DU GENRE À PLEURNICHER...
ET ELLE A DE LONGS CHEVEUX, EN PLUS ...
JE VOIS, ELLE TE PLAÎT TANT QUE ÇA...
COMME JE L'ESCOMPTAIS !
HMM ...

IL NE FAUT PAS BRÛLER LES ÉTAPES, DANS CES AFFAIRES-LÀ...
ON A ENCORE BEAUCOUP DE CHOSES À METTRE AU POINT !
DIS, PAPA ...
SI ELLE VIENT CHEZ NOUS, CE SERA QUAND ?
DOUCEMENT...
NE T'IMPATIENTE PAS !
QUOI QU'IL EN SOIT...
ELLE EST ENCORE PLUS ÉNERGIQUE QUE JE LE PENSAIS...
TANT MIEUX !
RIEN NE VAUT UNE FEMME QUI A DE L'ÉNERGIE À REVENDRE !
TA MÈRE ÉTAIT UNE PERSONNE TRÈS CALME ...
ET SA SANTÉ ÉTAIT FRAGILE.

AH!
VSH

SYR-DARIA
MER D'ARAL
DÉSERT DU KYZYL KUM
AMOU-DARIA
Chapitre 19 : Les jumelles de la mer d'Aral

C'EST LA MER D'ARAL ?
YAAH !
OH...
VOUS DORMIEZ ?
OUI...
JE N'AI QUASIMENT PAS...
FERMÉ L'ŒIL DE LA NUIT...
REPOSEZ-VOUS !
VOUS N'AVEZ RIEN DE MIEUX À FAIRE...
JE VOUS RÉVEILLERAI QUAND ON ARRIVERA À LA PROCHAINE VILLE !
D'ACCORD...
OUH LÀ !

AH !
HEIN ?
MAIS...
QU...

AAAH !
PATRON !
PLOUF
C'EST PAS VRAI !
COMMENT VOUS AVEZ FAIT VOTRE COMPTE ?!
SPLASH
SPLASH

GLOU
GLOU

KOF
KOF
KOF
KOF
MON-SIEUR SMITH !
ÇA VA ?!
OUI...
ÇA PEUT ALLER ...
JE SUIS EN VIE !

MONSIEUR, TU ES TOMBÉ DU CHAMEAU ?!
ON A CRU QUE TU AVAIS SAUTÉ !
HEIN ?
CE N'EST PAS TELLEMENT CE QUE JE FAISAIS QUI...
!!
COMMENT TU T'ES DÉBROUILLÉ POUR TE CASSER LA FIGURE ?!
QU'EST-CE QUE TU FABRIQUAIS ?!
MES LUNETTES !!
ELLES SONT TOMBÉES ?!
DES LUNETTES ?!
QU'EST-CE QUE C'EST ?!
DES PETITS RONDS DE VERRE DE CETTE TAILLE...
ET QUI VONT PAR DEUX, COMME VOUS !
DU VERRE ?!
ÇA, ON PEUT LE RETROUVER !
HEIN, LAYLA ?!
TOUT À FAIT !
EH LÀ !
IMPOSSIBLE, LAISSEZ TOMBER !
C'EST VRAIMENT UN OBJET MINUSCULE !
SPLASH
SPLASH

PFOUAH !
C'EST ÇA ?!
C'EST BIEN CE DRÔLE DE MACHIN ?!
MERCI BEAUCOUP !!
VOUS ME SAUVEZ LA VIE !

ÇA SE PORTE DE CETTE FAÇON ?!
ÇA TE FAIT UNE DRÔLE DE TÊTE !
TIENS ?
C'EST CURIEUX, JE VOIS DOUBLE...
MAIS NON !

EH, NE TOUCHEZ À RIEN !
VOUS VENEZ D'OÙ ?
QU'EST-CE QUE VOUS FAITES DANS LA VIE ?
VOUS ALLEZ OÙ ?
ON EST JUMELLES !
ET MOI, LEYLI !
JE M'APPELLE LAYLA...
LOOKIIII
QUOI ?
ON SE REND À ANKARA ...
ET NE TUTOYEZ PAS VOS AÎNÉS !
TU N'AS PAS DE FEMME, HEIN ?
TU ES CE QU'ON APPELLE UN BON À RIEN !
ÇA SE VOIT À TA DÉGAINE...
C'EST VRAI QUE TU AS L'AIR VIEUX !

DITES DONC !
VOUS NE MANQUEZ VRAIMENT PAS D'AIR !
EN EFFET, JE NE SUIS PAS MARIÉ, MAIS...
TU FAIS QUOI DANS LA VIE ?
ÉCOUTEZ QUAND ON VOUS PARLE !
TU ES COLPORTEUR ?
QU'EST-CE QUE TU VENDS ?
PAS DES TAPIS, EN TOUT CAS !
NI DES FOURRURES !
JE VOUS AI DIT DE NE TOUCHER À RIEN !

TU ES DOCTEUR ?!
POUR DE VRAI ?!
QUOI ?
EUH... OUI...
EN QUELQUE SORTE...
S'IL TE PLAÎT, VIENS CHEZ NOUS !
ON VOUDRAIT QUE TU EXAMINES NOTRE GRAND-PÈRE !
IL SE SENT MAL, CES DERNIERS TEMPS !
LES MÉDECINS NE PASSENT PRATIQUEMENT JAMAIS PAR ICI !
SI ON TE RAMÈNE, ON VA SÛREMENT NOUS FÉLICITER !
ENFIN BREF, VIENS !
HMM...
SI ON COMMENCE À FAIRE DES DÉTOURS, ON N'EN FINIRA JAMAIS !
VOTRE CHAMEAU DOIT AVOIR SOIF !
EH, PAS TOUCHE !
IL NE PEUT PAS BOIRE ICI, C'EST DE L'EAU DE MER !
CHEZ NOUS, IL Y A UN PUITS !
BAH, ON LEUR DOIT BIEN ÇA !
PAS LE CHOIX...

LE VERRE, C'EST FACILE À PÊCHER !
ON EN RAMASSE DEPUIS QU'ON EST TOUTES PETITES !
ON EN TROUVE DES BOUTS, DE TEMPS À AUTRE ...
ET QUAND ON EN A ASSEZ, ON LES EMPORTE EN VILLE POUR LES VENDRE ...
COMME CES GRANDS MORCEAUX BLEU BRILLANT !
C'EST BEAU !
N'EST-CE PAS ?
VOUS PÊCHIEZ DU POISSON ?
OUI !
ON NE S'AMUSAIT PAS !
C'EST TOUT CE QUE VOUS AVEZ ?
MAIGRE RÉCOLTE ...
D'HABITUDE, ON EN PREND PLUS !
BEAUCOUP PLUS !
OOH ...
ILS DOIVENT ÊTRE APPORTÉS PAR LE COURANT...
QUEL GENRE DE POISSON VIT PAR ICI ?
QUELLES ESPÈCES ?

QU'EST-CE QUE TU FABRIQUES AVEC CE MACHIN, DEPUIS TOUT À L'HEURE ?
HMM ?
AH, MON CAHIER ?
EH BIEN ...
JE NOTE CE QUE J'ENTENDS POUR NE PAS L'OUBLIER.
...
TU AS MAUVAISE MÉMOIRE ?
NON, ÇA N'A RIEN À VOIR ...
C'EST POUR ME RAPPELER DES CHOSES LONGTEMPS APRÈS...
TU DEVRAIS PLUTÔT ESSAYER DE RETENIR CE DONT TU VEUX VRAIMENT TE SOUVENIR !
NOUS, C'EST COMME ÇA QU'ON FAIT !
HMM ...
OUI ...
CE N'EST PAS FAUX...
EFFECTIVEMENT...
NOUS, ON CONNAÎT LES NOMS DE TOUTES LES GRANDS-MÈRES DE NOS GRANDS-MÈRES JUSQU'À LA HUITIÈME GÉNÉRATION !
TU ES PRÊT ? SHARAREH, MARYAM, MEHRNAZ ...
STOP, STOP, ON A COMPRIS !

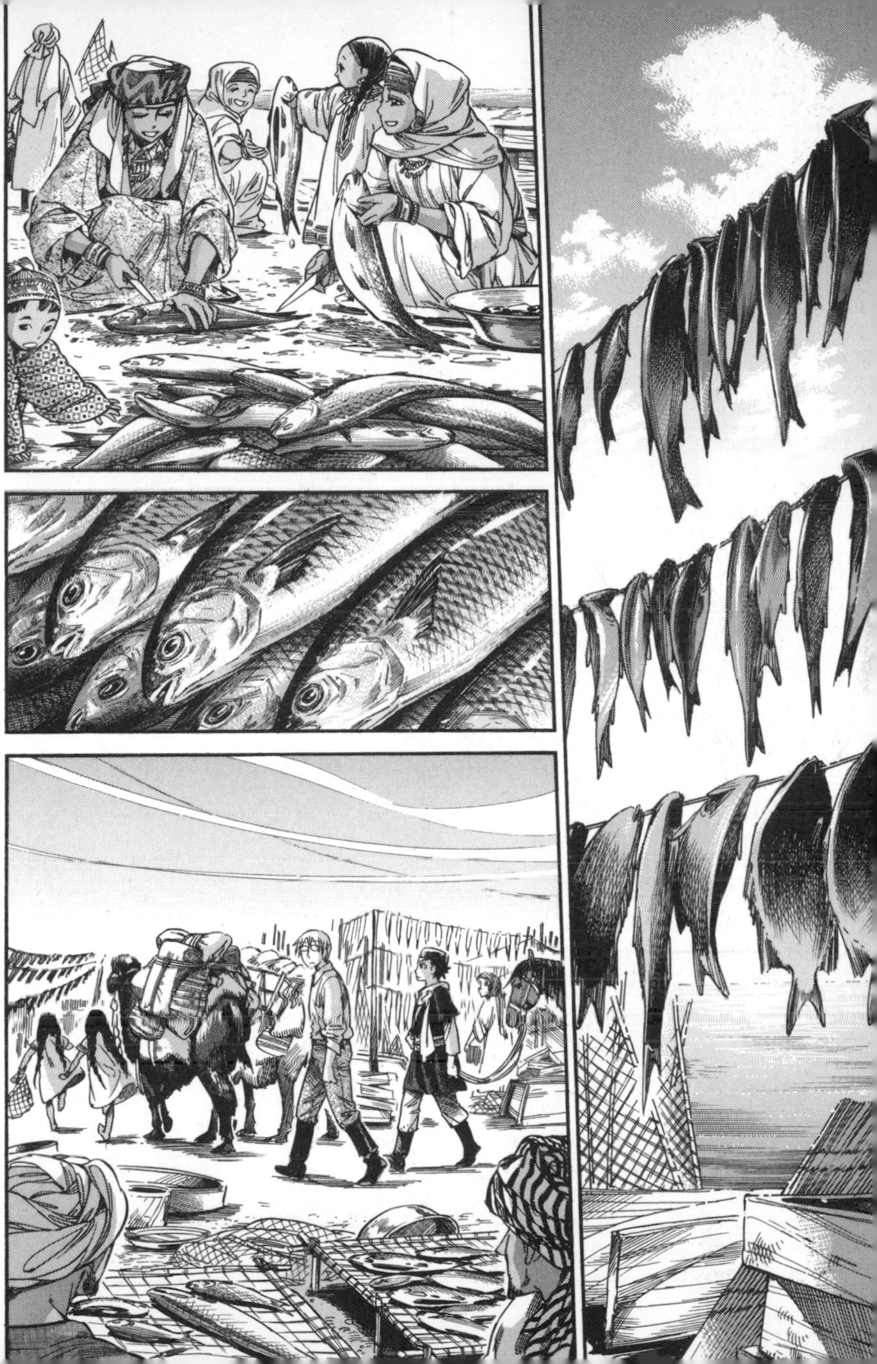

PAPA !
PAPA !
TIENS ?!
DÉJÀ RENTRÉES DE LA VOUS PÊCHE ?! NE TIREZ PAS AU FLANC, AU MOINS ?!
MAIS NON ...
ÉCOUTE !
QUOI ?
DES VISITEURS ?
VOUS ÊTES LE PÈRE DE CES DEUX-LÀ ?
VOUS DEVRIEZ FAIRE QUELQUE CHOSE À LEUR SUJET !
GLOUPS
CE N'EST PAS PERMIS D'ÊTRE AUSSI INSOLENTES À LEUR ÂGE, MOI JE VOUS LE DIS !
ALI, ENFIN !
JE SUIS NAVRÉ MONSIEUR, ELLES VONT M'ENTENDRE !
EH, VENEZ UN PEU PAR ICI, VOUS DEUX !
PAF
PAF
AÏEEE !!
HUMPF...
COMBIEN DE FOIS EST-CE QUE JE VOUS AI RABÂCHÉ D'ÊTRE POLIES AVEC VOS AÎNÉS ?!
VOUS SEREZ PRIVÉES DE DÎNER !

CES GENS ...
NE M'ONT PAS L'AIR...
D'Y ALLER AVEC LE DOS DE LA CUILLÈRE !
ILS SONT DU GENRE DIRECT...
CET HOMME, IL EST MÉ DECIN !!
COMMENT ?!
DIRE QU'ON T'AVAIT RAMENÉ UN DOCTEUR, EN PLUS !!
OH...
VRAIMENT ?!
VOUS TOMBEZ À PIC !
PAR ICI, JE VOUS PRIE !
QUOI ?!
UN DOCTEUR ?!
CE N'EST PAS UN CHARLATAN, AU MOINS ?
PAPA, SOIS POLI !

ÇA ALORS !
JE SUIS GUÉRI !
C'EST VRAI ?!
QUEL SOULAGEMENT !
NON…
EN FAIT…
VOUS VOUS ÉTIEZ JUSTE UN PEU DÉMIS L'ÉPAULE…
ON NE PEUT PAS VRAIMENT PARLER DE MALADIE !
BRAVO !!
TU ES RUDEMENT EFFICACE, MÊME SI TU N'EN AS PAS L'AIR !
ÇA M'EST ARRIVÉ DE SOIGNER MON GRAND-PÈRE QUAND IL SE LUXAIT L'ÉPAULE AU GOLF…
SI VOUS ESSAYIEZ, VOUS AUSSI, VOUS…
MERCI MILLE FOIS !
TU LUI AS SAUVÉ LA VIE !
NOUS TE LE REVAUDRONS !
JE NE SAVAIS PAS QUE VOUS ÉTIEZ UN VRAI MÉDECIN !
…

MONSIEUR, DEBOUT !
C'EST LE MATIN !
AH !
EH OH !!
QUOI ?
TOUT LE MONDE VOUS ATTEND !
VENEZ VITE VOUS OCCUPER DES MALADES !

BLA
BLA
...
OH...
SALUT, PATRON !
ON PEUT DIRE QUE VOUS FAITES SENSATION !

LA TOUX DE CE PETIT NE VEUT PAS S'ARRÊTER...
EST-CE QUE VOUS POURRIEZ L'EXAMINER, DOCTEUR ?
KOF KOF
MON GENOU ME LANCE, CES DERNIERS TEMPS...
VOUS POUVEZ ARRANGER ÇA ?
EUH... ON AIMERAIT AVOIR LE TEINT PLUS CLAIR !
HI HI !
...
VOUS AVEZ BIEN FAIT DE DEVENIR MÉDECIN !
ON N'AURA PAS À SE SOUCIER DE NOS PROVISIONS PENDANT UN MOMENT !
ALLEZ, CHACUN SON TOUR !!
LE DOCTEUR VA COMMENCER PAR CEUX QUI SONT ARRIVÉS LES PREMIERS !!
...
QUAND EST-CE QU'ON VA ARRIVER À ANKARA ?

LA MER D'ARAL...
UN GIGANTESQUE LAC FORMÉ PAR LES EAUX PROVENANT DE LA FONTE DES NEIGES DES MONTAGNES ALENTOUR.
MOINS SALÉ QUE L'OCÉAN, IL REGORGE DE POISSONS ET DE CRUSTACÉS...
SES RIVES SONT CONSTELLÉES DE VILLAGES DE PÊCHEURS, DE MARCHÉS AUX POISSONS ET DE CONSERVE-RIES...
MUYNAK EST L'UN DE CES PORTS...
OÙ DEPUIS BIEN LONG-TEMPS LA PÊCHE EST FLORIS-SANTE.

Chapitre 20 : Un gros poisson

MERCI ...
MERCI MILLE FOIS !
TENEZ, C'EST POUR VOUS !
OH, C'EST GENTIL ...
SOIGNEZ-VOUS BIEN !
BONJOUR, DOCTEUR...
VOILÀ, JE...
ET LUI, QU'EST-CE QUE TU EN DIS ?
IL A L'AIR PAS MAL !
NON, S'IL VIENT VOIR UN MÉDECIN, C'EST QU'IL DOIT AVOIR LA SANTÉ FRAGILE...
ET PUIS JE LE TROUVE UN PEU PÂLOT !
C'EST VRAI...
MAIS DANS CE CAS, PERSONNE ICI NE CONVIENT !
ILS SONT SI NOMBREUX, POURTANT ...

EH... RE-GARDE !
CELUI QUI ATTEND QUELQU'UN, LÀ !
POURQUOI PAS LUI ?
IL EST SUPER BEAU !
RE-GARDE MIEUX ...
IL EST MONTÉ SUR UN ÂNE !
AH, EXACT ...
SI C'EST SA SEULE MONTURE ...
IL EST FORCÉ-MENT PAUVRE !
ET D'ABORD, MÊME UN BON PARTI...
NE POURRA PAS NOUS ÉPOUSER TOUTES LES DEUX !
HMM...
IL NOUS FAUT QUEL-QU'UN DE BEAU...
RICHE ...
EN BONNE SANTÉ ...
JUSTE VENU ACCOMPA-GNER UN MALADE...
ET QUI AIT UN FRÈRE !!

PAPA, PAPA !
ON VEUT SE MARIER AVEC CES GARÇONS !
VA LEUR PARLER !!
SI VOUS AVEZ LE TEMPS DE RACONTER DES ÂNERIES, ALLEZ PLUTÔT AIDER VOTRE MÈRE !!

IL A INTÉRÊT À SE DÉPÊCHER, SINON ON VA FINIR VIEILLES FILLES !
JE ME DEMANDE S'IL A VRAIMENT L'INTENTION DE NOUS MARIER...
C'EST QUAND MÊME SON RÔLE DE NOUS TROUVER UN ÉPOUX...
PFF ...
QUEL RABAT-JOIE !
N'IMPORTE QUI SERAIT RAVI DE NOUS ÉPOUSER, POURTANT !
TOUT À FAIT !
...
LAYLA, JE PENSE À UN TRUC ...
QUOI DONC ?
MAIS COMMENT S'Y PRENDRE ?
ON N'A AUCUNE COURSE À ALLER FAIRE EN VILLE, ET LE FESTIVAL N'AURA PAS LIEU AVANT UNE ÉTERNITÉ !
...
MÊME SI C'EST PAPA QUI VA DÉCIDER, AU BOUT DU COMPTE...
ON DEVRAIT PEUT-ÊTRE S'EFFORCER D'ATTIRER L'ATTENTION, NOUS AUSSI !
PAS FAUX ...

!!
ON N'A QU'À SAUVER QUEL-QU'UN !
COMME AVEC LE DOCTEUR DE L'AUTRE FOIS !!
!
JE VOIS... SI CE MÉDECIN AVAIT ÉTÉ UN ROI OU UN CHEF DE CLAN...
EXACTE-MENT !
OH... JE VOUS DOIS LA VIE, BELLES JOU-VENCELLES...
COMMENT VOUS RE-MERCIER ?
J'AI JUSTE-MENT PLU-SIEURS FILS EN ÂGE DE SE MARIER ...
JE VOUS EN PRIE, CHOISIS-SEZ !
BÊÊÊ
BÊÊ
BÊÊÊ
AH... ET BIEN SÛR, POUR LA DOT, VOTRE PRIX SERA LE MIEN !
MAIS OUI !

VRSH
ET LUI ?
PAS QUESTION, IL A L'AIR FAUCHÉ COMME LES BLÉS !
C'EST NOTRE AVENIR QUI EST EN JEU !
IL FAUT CHOISIR AVEC SOIN...
ET VISER LES GROS POISSONS !
À PROPOS, LE PROJECTILE EST PRÊT ?
SPLASH
SPLASH
PARFAIT !

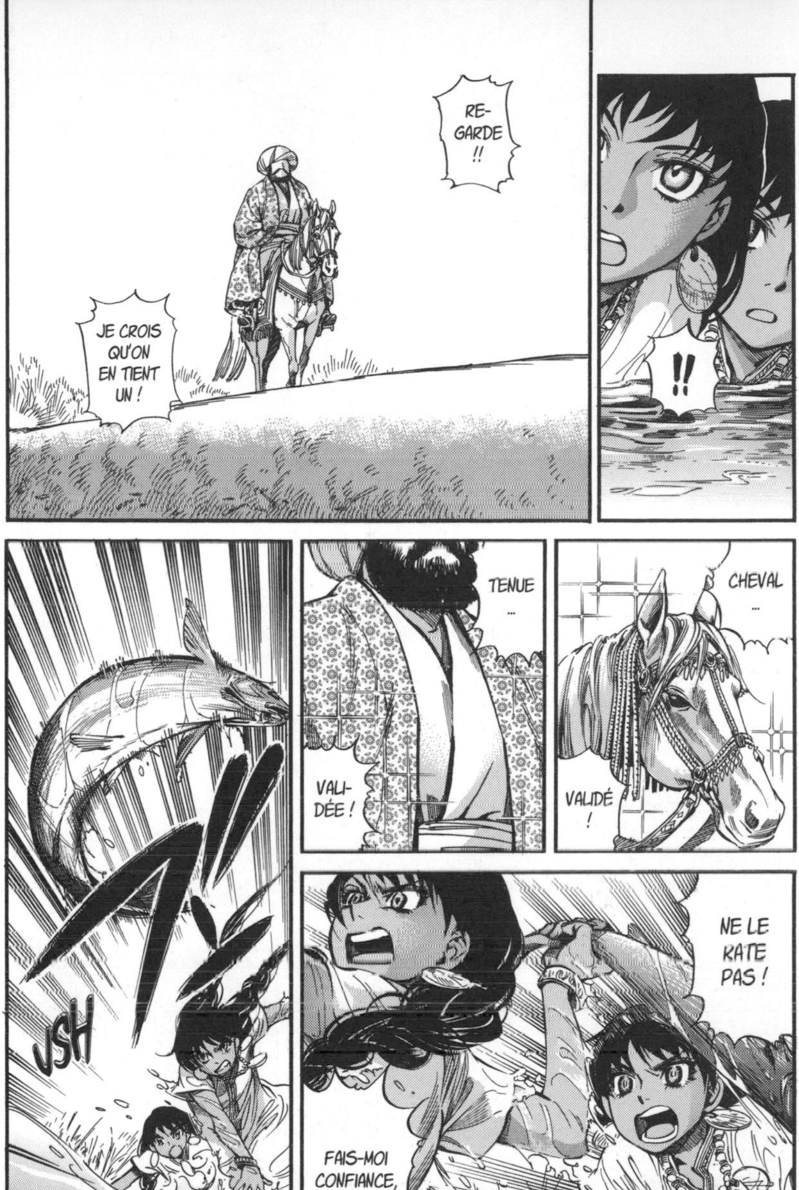
!!
RE-GARDE !!
JE CROIS QU'ON EN TIENT UN !
CHEVAL ...
VALIDÉ !
TENUE ...
VALI-DÉE !
NE LE RATE PAS !
FAIS-MOI CONFIANCE, LEYLI !

PAF
!!
GLOU
GLOU
BLOP
BLOP
...

!!
FLOP
FLOP
EH, MAIS ATTENDS UN PEU...
IL S'EST ÉVANOUI !
IDIOTE, S'IL NE TOMBE PAS DANS LA RIVIÈRE, ÇA NE SERT À RIEN !
CE N'EST PAS DE MA FAUTE ! J'AI MIS DANS LE MILLE, JE TE SIGNALE !
EN TOUT CAS, ON NE PEUT PAS L'ABANDONNER ICI !
IL EST ENCORE EN VIE, AU MOINS ?!
ON VA LE RAMENER À LA MAISON !
NE LE LÂCHE PAS, LAYLA !
TIENS LE BIEN !
ATTENTION, IL GLISSE !

À VRAI DIRE...
JE NE ME RAPPELLE PAS TRÈS BIEN...
MAIS JE CROIS QUE QUELQUE CHOSE M'EST RENTRÉ DE-DANS !
IL S'EST PRIS UN POISSON DANS LA FIGURE !
HEUREUSE-MENT QU'ON PASSAIT DANS LE COIN PAR HASARD...
UN POIS-SON ?
À DEUX MÈTRES DU SOL ?
LES POISSONS VOLANTS, ÇA EXISTE !
CELUI-CI DEVAIT AVOIR ENVIE DE SE DÉGOURDIR LES NA-GEOIRES !
TU ES MÉDECIN, ALORS OCCUPE-TOI DE LUI !
HMM ...
EH LÀ ! JE VOUS Y PRENDS !!

PAF
PAF
MAIS POURQUOI ?!
HUMPF...
SILENCE !
VOUS AVEZ ENCORE FAIT DES SOTTISES, HEIN ?!
JE NE VOUS AVAIS PAS DIT D'ALLER AIDER VOTRE MÈRE ?!
QU'EST-CE QUE VOUS ATTENDEZ ?!
PFF ...
ALORS LÀ...
C'EST PAS JUSTE !
ON LUI EST VRAIMENT VENUES EN AIDE !!

JE ME DEMANDE CE QUI N'A PAS FONCTIONNÉ...
SI CET HOMME ÉTAIT TOMBÉ À L'EAU, TOUT AURAIT MARCHÉ COMME SUR DES ROULETTES !
JE SAIS !
IL FAUT INVERSER LES RÔLES !
COMMENT ÇA ?!
NOTRE PLAN A ÉCHOUÉ PARCE QU'ON CHERCHAIT À SAUVER QUELQU'UN...
C'EST MIEUX SI C'EST NOUS QUI SOMMES EN DÉTRESSE !
ON POURRAIT FAIRE EN SORTE QU'UN VOYAGEUR NOUS TROUVE ÉTENDUES SUR LA ROUTE...
!
QUE VOUS ARRIVE-T-IL, BELLE DEMOISELLE ? TENEZ BON...
OH, JE SUIS DÉSOLÉE...
POURRIEZ-VOUS ME RACCOMPAGNER JUSQU'À CHEZ MOI ?
PAPA LUI EXPRIMERA SA GRATITUDE...
MERCI, MERCI !
ET ÉVIDEMMENT, IL LUI PROPOSERA DE L'HÉBERGER QUELQUES JOURS !
...
QUELLES CHARMANTES JEUNES FILLES VOUS AVEZ LÀ !
FIGUREZ-VOUS QUE J'AI JUSTEMENT PLUSIEURS FILS EN ÂGE DE SE MARIER...

...
PAS MAL !
À MON SIGNAL...
TU T'EF-FONDRES... OK, LAYLA ?
COMPRIS !
QUEL...
QU'UN...
AR...
RIVE...

CLOP
CLOP
CLOP
CLOP
!
MADEMOISELLE, QU'EST-CE QUI VOUS ARRIVE ?!
VOUS VOUS SENTEZ BIEN ?!
VOUS COMPRENEZ CE QUE JE DIS ?
OÙ EST-CE QUE VOUS HABITEZ ?
VITE...
JE DOIS SAVOIR...
QUEL GENRE DE BÉTAIL VOUS AVEZ...
MON BÉTAIL ?
RÉPONDEZ...
VOUS POSSÉDEZ QUOI ?

DES CHAMEAUX, DES MOUTONS ET QUELQUES CHÈVRES ...
C... COMBIEN ?
EN TOUT, ENVIRON 300 TÊTES ...
C'EST BIEN TROP PEU !
MILLE, C'EST LE MINIMUM !
EH LÀ, OÙ EST-CE QUE VOUS ALLEZ ?
VOUS DEVEZ VOUS MÉNAGER !
ALORS ?!
ÇA S'EST BIEN PASSÉ ?!
NON, ÉCHEC TOTAL !
VOUS L'ACCOMPAGNEZ ?
JE ME PORTE COMME UN CHARME !
CETTE PETITE A L'AIR ASSEZ MAL EN POINT...
ON N'EST JAMAIS TROP PRUDENT !
PUISQUE JE VOUS DIS QUE JE VAIS BIEN !
J'ALLAIS JUSTEMENT VOIR UN MÉDECIN RÉPUTÉ, JE VAIS VOUS EMMENER !
ALLEZ, MONTEZ !
MAIS ARRÊTEZ !

EUH ...
QUELQUE CHOSE NE VA PAS ?
SI, TOUT VA TRÈS BIEN !
C'EST CE QU'ON N'ARRÊTE PAS DE RÉPÉTER À CETTE TÊTE DE MULE !
EH LÀ !
!!

MAIS QUOI, ENCORE ?!
PAS BESOIN DE NOUS FRAPPER À TOUT BOUT DE CHAMP !
ON VA AVOIR LE CRÂNE TOUT DÉFORMÉ !
SI NOS TÊTES DEVIENNENT PLATES COMME DES PAINS, CE SERA DE SA FAUTE !
ON NE POURRA JAMAIS SE MA-RIER !
EN TIRANT NOS CHEVEUX VERS LE HAUT, ON ARRIVERA PEUT-ÊTRE À REPRENDRE UNE APPARENCE NORMALE...
ON NE RISQUE PAS DE DEVENIR CHAUVES ?
LAYLA !
LEYLI !

OÙ EST-CE QUE VOUS ÉTIEZ ENCORE PASSÉES ?!
VOUS N'EN FICHEZ PAS UNE !
MAIS...
PAS DE "MAIS" QUI TIENNE...
VOUS ÊTES GRANDES, MAINTENANT !
OCCUPEZ-VOUS AU MOINS DE VOS FRÈRES !
DIS, TU VIENS ?
LEYLI ...
LAYLA !
AAH !
MAMAN, L'HEURE EST GRAVE ...
PAPA NE NOUS A TOUJOURS PAS TROUVÉ DE MARI !
À CE TRAIN-LÀ, ON VA FINIR VIEILLES FILLES !
VOUS N'AVEZ PAS À VOUS SOUCIER DE ÇA !!
VOTRE PÈRE S'OCCUPE DE TOUT !

SPLASH
JE ME DEMANDE SI PAPA A VRAIMENT PRIS LES CHOSES EN MAIN...
IL NE NOUS EN A JAMAIS TOUCHÉ UN MOT...
À NOTRE ÂGE, NORMALEMENT, IL DEVRAIT ABORDER LE SUJET À LA MOINDRE OCCASION, NON ?

JE COMPRENDS QU'IL NE VEUILLE PAS SE SÉPARER DE SES FILLES CHÉRIES...
MAIS IL EST TROP POSSESSIF !
PLOUF
ET SI JAMAIS IL NE NOUS TROUVE PAS D'ÉPOUX ?
DANS CE CAS, JE N'AURAI QU'À ENTRER DANS UNE CARAVANE ...
ÇA RAPPORTE PAS MAL !
ALORS MOI, J'OUVRIRAI UN CARAVANSÉRAIL...
OUI, BONNE IDÉE !
ET TU FERAS HALTE CHEZ MOI !
D'ACCORD...
À NOUS DEUX, ON GAGNERA PLEIN DE SOUS !
PARFAIT ! COMME ÇA, ON EST PARÉES À TOUTE ÉVENTUALITÉ !

EN EFFET ...
JE COMPRENDS VOTRE IMPATIENCE...
IL FAUT DIRE QU'À VOTRE ÂGE...
J'AVAIS DÉJÀ DONNÉ NAISSANCE À VOTRE PÈRE, SI JE ME SOUVIENS BIEN !
AH, TOI TU TROUVES QUE CE N'EST PAS NORMAL !
ON DEVRAIT AVOIR DES PRÉTENDANTS À LA PELLE, NON ?!
C'EST BIZARRE !!
À TOUS LES COUPS, ON A ÉNORMÉMENT DE SUCCÈS, MAIS PAPA REFUSE LES DEMANDES DEPUIS LE DÉBUT !
ALLONS, NE VOUS EMBALLEZ PAS...

VOUS ÊTES UN PEU TROP TURBULENTES...
SI VOUS VOULEZ ÊTRE POPULAIRES, TENEZ-VOUS DAVANTAGE À CARREAU !
COMMENT ÇA ?
PAR EXEMPLE, METTONS QU'UN HOMME VIENNE VOUS PARLER...
BONJOUR, MADEMOISELLE, EST-CE QUE JE PEUX ABREUVER MON CHAMEAU À VOTRE PUITS ?
NE LUI RÉPONDEZ PAS TOUT DE SUITE...
REGARDEZ-LE EN SILENCE D'UN AIR DOUX ET GRACIEUX...
ET ENSUITE SEULEMENT, RÉPONDEZ-LUI...
JE VOUS EN PRIE...
AUCUN HOMME N'Y A JAMAIS RÉSISTÉ !
C'EST QUI, CELLE-LÀ ?
AUTREMENT DIT, PRENDRE LES DEVANTS N'EST PAS LA SEULE MÉTHODE...
IL EN EXISTE BIEN D'AUTRES !
ABSOLUMENT. D'AILLEURS...
EST-CE QUE VOUS SAVEZ COMMENT SORAYA A MIS LE GRAPPIN SUR SON MARI ?
ARRÊTE, ÇA ME GÊNE...
NON, COMMENT ?
JE CROYAIS QU'IL LUI AVAIT TOUCHÉ LA TÊTE...
ET QU'IL AVAIT DÛ L'ÉPOUSER POUR LAVER CET AFFRONT...

EXACT ...
SAUF QU'ELLE L'A PIÉGÉ !
NON, NE DIS PAS ÇA...
JE VAIS PASSER POUR QUI, APRÈS ?
ELLE A FAIT EXPRÈS DE MAL NOUER SON VOILE...
ELLE A GUETTÉ LE MOMENT OÙ L'AUTRE PASSAIT PAR LÀ...
ET BIM !!
ELLE S'EST MISE À HURLER QU'IL LUI AVAIT TOUCHÉ LA TÊTE...
LE PAUVRE ÉTAIT BLANC COMME UN LINGE !
BEN OUI, MAIS ...
L'HOMME QUE MON PÈRE M'AVAIT PRÉSENTÉ N'ÉTAIT VRAIMENT PAS ATTIRANT...
L'AUTRE ME PLAISAIT BEAUCOUP PLUS !
TU ES DIABOLIQUE...
ELLE ME FLANQUE LA TROUILLE !

JE SAIS À QUOI VOUS PENSEZ ...
N'ENVISAGEZ MÊME PAS DE L'IMITER !
D'ABORD, LES FEMMES NE DEVRAIENT PAS AVOIR RECOURS À CE GENRE DE MANIGANCES !
LAISSEZ VOTRE PÈRE SE CHARGER DE L'AFFAIRE !
ET C'EST TOI QUI DIS ÇA...
POURTANT, TU ÉTAIS PLUTÔT ENTREPRENANTE, SI JE ME SOUVIENS BIEN !
EH, PAS DEVANT LES PETITES !
HEIN ?! COMMENT ÇA ?!
QU'EST-CE QU'ELLE A FAIT ?!
IL N'Y A AUCUN MAL À LEUR EN PARLER ...
ELLES SONT ASSEZ GRANDES, MAINTENANT !
OUI, ON EST DÉJÀ DES ADULTES !
QU'EST-CE QUI S'EST PASSÉ ?! RACONTE !
BON, TRÈS BIEN...
C'ÉTAIT IL Y A 20 ANS ...

TOUT LE VILLAGE AVAIT ÉTÉ RÉQUISITIONNÉ POUR HALER LES BATEAUX...
AFIN QU'ILS NE SOIENT PAS EMPORTÉS PAR LE COURANT.
JE N'OUBLIERAI JAMAIS CE JOUR...
UNE TEMPÊTE DE TOUS LES DIABLES FAISAIT RAGE...
WOOSH
!!
ET QUE J'AVAIS OUBLIÉ D'ATTACHER LES AMARRES !
VSH
MOI AUSSI, JE PARTICIPAIS À LA MANŒUVRE ...
SAUF QUE JE M'ÉTAIS PRÉCIPITÉE...
MON EMBARCATION A DÛ SE PRENDRE DANS UN MORCEAU DE BOIS MORT...
ET PAR CHANCE, J'AI FINI PAR M'ARRÊTER SUR UN RÉCIF...
MAMAN !
AAAAH !
LES VAGUES L'EMPORTENT !
ELLE PART À LA DÉRIVE !

JE N'AVAIS MÊME PAS DE RAME, J'ÉTAIS À LA MERCI DU VENT, SANS MOYEN DE REVENIR...
JE POUVAIS TOUT JUSTE M'AGRIPPER À LA BARQUE POUR NE PAS ÊTRE ENGLOUTIE PAR LES VAGUES !
C'EST ALORS QUE VOTRE PÈRE EST ARRIVÉ...
ÇA VA ?!
JE VIENS TE CHERCHER !
BRAVANT LES ÉLÉMENTS DÉCHAÎNÉS...
IL M'A RAMENÉE SUR LE RIVAGE AVEC LE BATEAU ...
RAAAH !
IL ÉTAIT SI FORT ET SI RASSURANT...
QU'EN UN INSTANT, J'AI PERDU TOUS MES MOYENS !
SON PÈRE NE POUVAIT PAS RESTER INDIFFÉRENT, ALORS IL EST VENU NOUS VOIR...
J'AI À VOUS ENTRETENIR D'UNE AFFAIRE IMPORTANTE...
BAH, RIEN DE TEL QU'UN MARIAGE D'AMOUR !

ÇA NE NOUS AIDE PAS BEAUCOUP !
SI ON DOIT ATTENDRE UNE TEMPÊTE, ON N'EST PAS SORTIES DE L'AUBERGE !
TU N'AURAIS PAS UN CONSEIL PLUS UTILE À NOUS DONNER ?
SILENCE !!
NE VENEZ PAS SOUILLER MES PRÉCIEUX SOUVENIRS !!
...
JE VOIS ...
DANS CE CAS, LAISSEZ-MOI VOUS ENSEIGNER UN PUISSANT SORTILÈGE DONT J'AI LE SECRET...
UN SORTILÈGE ?!

METTEZ-VOUS TOUT DE SUITE AU TRAVAIL !
ÉCOUTEZ-MOI BIEN. D'ABORD, IL FAUT RASSEMBLER LES INGRÉDIENTS...
UN QUI PERMET DE TROUVER UN BON MARI ET DE FAIRE UN BEAU MARIAGE !
OUI ...
PÊCHEZ D'ABORD DIX TRUITES DANS LA RIVIÈRE...
UN PLEIN FILET DE COQUILLAGES SUR LA PLAGE...
UNE BESACE DE CREVETTES...
DES GROSSES !

C'EST CE QU'A DIT GRAND-MÈRE !
ON PEUT VRAIMENT FAIRE DE LA MAGIE AVEC CE GENRE DE CHOSES ?
UN SAC D'ORMEAUX...
UN PANIER DE CRABES...
LES ŒUFS D'ESTURGEON !
IL MANQUE UN INGRÉDIENT, NON ?
AH OUI...
D'AILLEURS, CE N'EST PAS ENCORE LA SAISON DES ŒUFS, SI ?!
TOUJOURS PAS !
UN EN TIENT UNE ?!

PFF...
ON N'EN PREND QUE DES MAUVAIS !
ENCORE UN MÂLE !
!
REGARDE !
CELLE-CI A L'AIR PLEINE, NON ?!
AAH ???
ELLE VA S'ÉCHAPPER !
SPLASH
RESTE LÀ, TOI !
VITE !
LE FILET !

ドサ
PLAF
VOILÀ...
ドサ
ON A TOUT TROUVÉ !
OOH, QU'ILS SONT BEAUX !
QU'EST-CE QU'ON FABRIQUE AVEC, MAINTENANT ?!
C'EST QUOI, CE SORTILÈGE ?!
ALLONS, DU CALME ...
APPORTEZ-MOI UN COUTEAU !
D'ABORD, IL FAUT BIEN VIDER LES POISSONS...
VENEZ, AIDEZ-MOI !
AH, D'ACCORD, ON VA SE SERVIR DES ENTRAILLES !
ON NE PEUT PAS LES MANGER, C'EST TROP AMER !
ÇA FAIT TRÈS SORCIÈRE !
ALLEZ, TRAVAILLEZ EN SILENCE !

IL VA FALLOIR PRÉPARER LE REPAS ...
TIENS ?
QU'EST-CE QUE VOUS FABRIQUEZ ?
ON...
ON DONNE UN COUP DE MAIN !!
OUI, ON AIDE MAMIE !
UNE FOIS N'EST PAS COUTUME...
À PROPOS, CE SORTILÈGE PERDRA TOUT SON POUVOIR SI VOUS EN PARLEZ À QUELQU'UN !
...
ÇA TOMBE BIEN, ALLEZ ME PUISER DE L'EAU...
ET HACHEZ-MOI MENU TOUS CES LÉGUMES !
FAITES BOUILLIR DE L'EAU POUR LE THÉ...
ÉTENDEZ LA NAPPE ET METTEZ LE COUVERT !
MAINTENANT, SONNEZ LA SOUPE !
À TAAABLE !!

VOUS NOUS AVEZ CONCOCTÉ UN VÉRITABLE FESTIN !
C'EST POUR UNE OCCASION SPÉCIALE ?
EH BIEN ...
ALORS, C'EST BON ?
OUI, TRÈS !
EH OUI, LA SOUPE EST BIEN PLUS SAVOUREUSE QUAND ON Y MET DES CREVETTES ET DES FRUITS DE MER !
...
ET LE SORTILÈGE ?!
ON A JUSTE PRÉPARÉ LE REPAS, EN FAIT !
C'EST QUOI, CETTE HISTOIRE DE SORTILÈGE ?
...

TU NOUS AS MENTI ?!
CE N'ÉTAIT PAS DE LA MAGIE, HEIN ?
JE NE VOUS AI PAS TROMPÉES...
LES JEUNES FILLES TRAVAILLEUSES ONT DES PRÉTENDANTS TOUT LE TOUR DU VENTRE !
ALLEZ, DÉPÊCHEZ-VOUS DE MANGER ...
ÇA VA REFROIDIR !
...
HMM... C'EST DRÔLEMENT BON !
ENCORE HEUREUX !!
SI TU SAVAIS TOUT LE MAL QU'ON S'EST DONNÉ !!
ON S'EST FAIT AVOIR !
PUISQUE C'EST COMME ÇA, ON VA TOUT MANGER !
NE VOUS ÉTOUFFEZ PAS !

POURQUOI EST-CE QU'ON N'A TOUJOURS PAS DE FIAN-CÉ...
ALORS QU'IL Y A TELLEMENT D'HOMMES DE PAR LE MONDE ?
J'AIMERAIS BIEN LE SAVOIR !
C'EST VRAIMENT BIZARRE !
...
DIS, LAYLA ...
HMM ?
TU SAIS À QUOI JE PENSE, LÀ, MAINTE-NANT ?
JE CROIS QUE OUI...
JE ME DISAIS LA MÊME CHOSE...

CES DEUX-LÀ ONT L'AIR PARFAITS !!
PAS MAL...
BON, C'EST DÉCIDÉ !
C'EST BIEN COMPRIS ? DÈS QU'ON LES PERCUTE, ON FAIT COMME S'ILS NOUS AVAIENT TOUCHÉ LA TÊTE...
ET C'EST DANS LA POCHE !
COMME ÇA ?
TU PEUX MÊME RELÂCHER UN PEU PLUS LE FOULARD, JE PENSE...
PAS TOUT DE SUITE...
ATTENDS ENCORE UN PEU...
JE PRENDS CELUI DE DROITE...
ET TOI, CELUI DE GAUCHE !
ENTENDU !

!!
EH, LES FILLES...
VOS VOILES SONT DÉFAITS !
ON EST AU COURANT !
DITES DONC... QU'EST-CE QUE VOUS REGARDEZ COMME ÇA ?!
SAM ...
ET SAMI
SI VOUS LE SAVEZ, RATTACHEZ-LES...
QU'EST-CE QUE VOUS TRAFIQUEZ ?
CE QU'ON VEUT !
NE VENEZ PAS NOUS GÊNER !
OUI, MÊLEZ-VOUS DE VOS OIGNONS !

...
FAITES ATTENTION...
OU VOTRE PÈRE VA ENCORE VOUS PASSER UN SAVON !
DU VENT !
QUOI ?
NON, RIEN ...
TSS...
À CAUSE DE CES GÊNEURS, NOS PROIES ONT FILÉ !
ILS ONT LE CHIC POUR DÉBARQUER AU PLUS MAUVAIS MOMENT !
TU VOIS D'AUTRES MARIS POTENTIELS ?
ATTENDS, JE CHERCHE ...
!!
ET EUX, LÀ ?!
PAS MAL, ET PUIS ILS SONT DEUX...
BON, ON Y VA !
ILS VIENNENT PAR ICI...
CACHONS-NOUS !

MAINTE-
NANT !
YAAH
!
PAF
ARGH
!
PAF
BRRRM
PLAF

カリッ
PLOC
...
AAH!
PETITES PESTES !!
PARDON !

AH, JE TE JURE...
ELLES NOUS EN FONT VOIR DES VERTES ET DES PAS MÛRES...
SI SEULEMENT ELLES SE TENAIENT UN PEU TRANQUILLES !
...
AU FAIT...
QU'EST-CE QUE TU PENSERAIS DE LEUR FAIRE ÉPOUSER MES FILS ?
TES FILS ?
OUI, MES DEUX GRANDS...
AH...
AÎNÉ
PUÎNÉ
SAMAN ET FARSAMI ?
OUI.
COMME NOS ENFANTS...
SE CONNAISSENT DEPUIS TOUT PETITS...
ÇA NE ME PARAISSAIT PAS ÊTRE UNE MAUVAISE IDÉE !

QU'EST-CE QUE VOUS DIRIEZ DES JUMELLES ?
EN FAIT, J'AI DÉJÀ TÂTÉ LE TERRAIN...
HMM ...
OUI, C'EST PAS FAUX...
SAUF QUE... ENFIN ...
ÇA LEUR CONVIENT, À EUX ?
BON, JE RECONNAIS QU'ILS ONT EU UN INSTANT D'HÉSITATION, MAIS...
ON SE CONNAÎT DEPUIS LONG-TEMPS, TOI ET MOI...
JE PENSE QUE ÇA SE PASSERAIT BIEN ENTRE NOS DEUX FAMILLES !
C'EST VRAI...
IL NE FAUT PAS TROP EN DEMAN-DER...
ET PUIS ON S'EN DOUTAIT UN PEU...
VRAI-MENT ?
MOUAIS ...
POUR-QUOI PAS...

...
BON ...
ALORS ...
C'EST DÉCIDÉ ?
D'AC-CORD !
AU FAIT...
PUISQU'ON EN PARLE...
FAIS-MOI UNE RISTOURNE SUR LA DOT !
TU TE MOQUES DE MOI ?!
NON MAIS !
ON SE CONNAÎT DEPUIS LONG-TEMPS ...
TU SAIS TRÈS BIEN QUE MA FAMILLE NE ROULE PAS SUR L'OR...
LÀ N'EST PAS LA QUES-TION !
QUEL QUE SOIT LEUR CARAC-TÈRE, MES FILLES N'EN RESTENT PAS MOINS MES FILLES ...
C'EST NATU-REL DE VOU-LOIR LÉGUER LE MEILLEUR PATRIMOINE POSSIBLE À SA PROGÉNI-TURE...
JE TE RAPPELLE QUE C'EST NOUS QUI ALLONS NOUS COLTINER TES DEUX TEIGNES !!

COM-MENT ?!
TU N'AVAIS QUE ÇA EN TÊTE DEPUIS LE DÉBUT, ALORS ?!
SALE PROFITEUR !
TU CROIS QUE J'AI L'EMBARRAS DU CHOIX ?!
EST-CE QUE TU COMPRENDS CE QUE RES-SENT UN PÈRE QUI VEUT MA-RIER SES FILS ALORS QU'IL N'EN A PAS LES MOYENS ?!
TU TE SOUVIENS DE LA FOIS OÙ TU ES RENTRÉ BREDOUILLE ET OÙ J'AI PARTAGÉ UN PEU DE MA PÊCHE AVEC TOI ?!
DIS-TOI QUE TU ME RENDS LA PAREILLE !
QU...
PUISQUE TU EN PARLES, JE TE RAP-PELLE...
QUE C'EST TOI QUI AS FAIT TOMBER DANS LA RIVIÈRE LA CANNE À PÊCHE QUE JE T'AVAIS PRÊTÉE !
GH...
ET TOI, TU AS DÉMOLI MON CHARIOT !
C'ÉTAIT UN ACCIDENT !
EN PLUS, TU ES MAL PLACÉ POUR CRITI-QUER, TU AS PERCUTÉ MON BATEAU TOUT NEUF !

AAH ...
JE SUIS EN PLEINE FORME !
GRAND-PÈRE, QU'EST-CE QUE TU FAIS ?
JE SAVOURE MA BONNE SANTÉ...

LA PÊCHE A ÉTÉ PLUTÔT BONNE, AUJOURD'HUI !
ON NE VA PAS TARDER À RENTRER ...
TU VEUX BIEN...
RASSEMBLER LES FILETS DANS CE COIN ?
AU FAIT...
ET LE NOUVEAU BATEAU QUE PAPA NOUS AVAIT PROMIS ?
JE NE SAIS PAS...
TU LE CONNAIS !

QU'EST-CE QU'ELLES FABRIQUENT ENCORE, CES DEUX-LÀ ?
SÛREMENT DES PROUESSES ÉPIQUES, COMME D'HABITUDE !
QUELLE ÉNERGIE...
DIS...
TU EN PENSES QUOI, TOI ?
COMMENT ÇA ?

JE N'ARRIVE PAS À M'IMAGINER ÉPOUSER L'UNE D'ENTRE ELLES...
PAREIL !
PAPA AURAIT QUAND MÊME PU FAIRE UN EFFORT...
ET ALLER CHERCHER UN PEU PLUS LOIN !
ON PARLE DE LAYLA ET LEYLI, QUAND MÊME !
...
IL DEVAIT AVOIR LA FLEMME...
AH LÀ LÀ...
NE TE COUCHE PAS SUR LES FILETS...
TU VAS LES ABÎMER !
MAIS BON, JE COMPRENDS...
IL N'Y A GUÈRE QUE LEUR PÈRE POUR ACCEPTER UNE DOT AUSSI BASSE.
JE VAIS DEVENIR RICHE...
COMME ÇA, JE TROUVERAI DE SUPER FIANCÉES À MES FILS !
BONNE CHANCE !
...

SAMI ...
ELLES TE DÉPLAISENT VRAIMENT TANT QUE ÇA, LES JUMELLES ?
NON, CE N'EST PAS LE PRO-BLÈME...
ET PUIS ON LES CONNAÎT BIEN, ET TOUT...
...
MAIS ÇA NE ME RÉJOUIT PAS PLUS QUE ÇA ...
VOILÀ, QUOI...
ET TOI, QU'EST-CE QUE TU EN PEN-SES ?
LA MÊME CHOSE QUE TOI, GROSSO MODO...
...
JE DOUTE DE POUVOIR TOMBER AMOUREUX D'ELLES !
QU'EST-CE QUE TU ME CHANTES ?

PAS BESOIN D'AVOIR LE COUP DE FOUDRE...
RÊ-VEUSES COMME ELLES SONT...
LAYLA ET LEYLI ONT DÛ ÊTRE BIEN DÉÇUES QUAND ELLES ONT APPRIS LA NOUVELLE...
SANS DOUTE PLUS QUE NOUS...
ON EST DANS LE MÊME BA-TEAU...
ALORS AUTANT PRENDRE SOIN D'ELLES...
TOI AUSSI, TÂCHE DE LES MÉNA-GER !
D'AC-CORD...
...
AU FAIT ...
QUI VA ÉPOUSER QUI ?
EUH ...

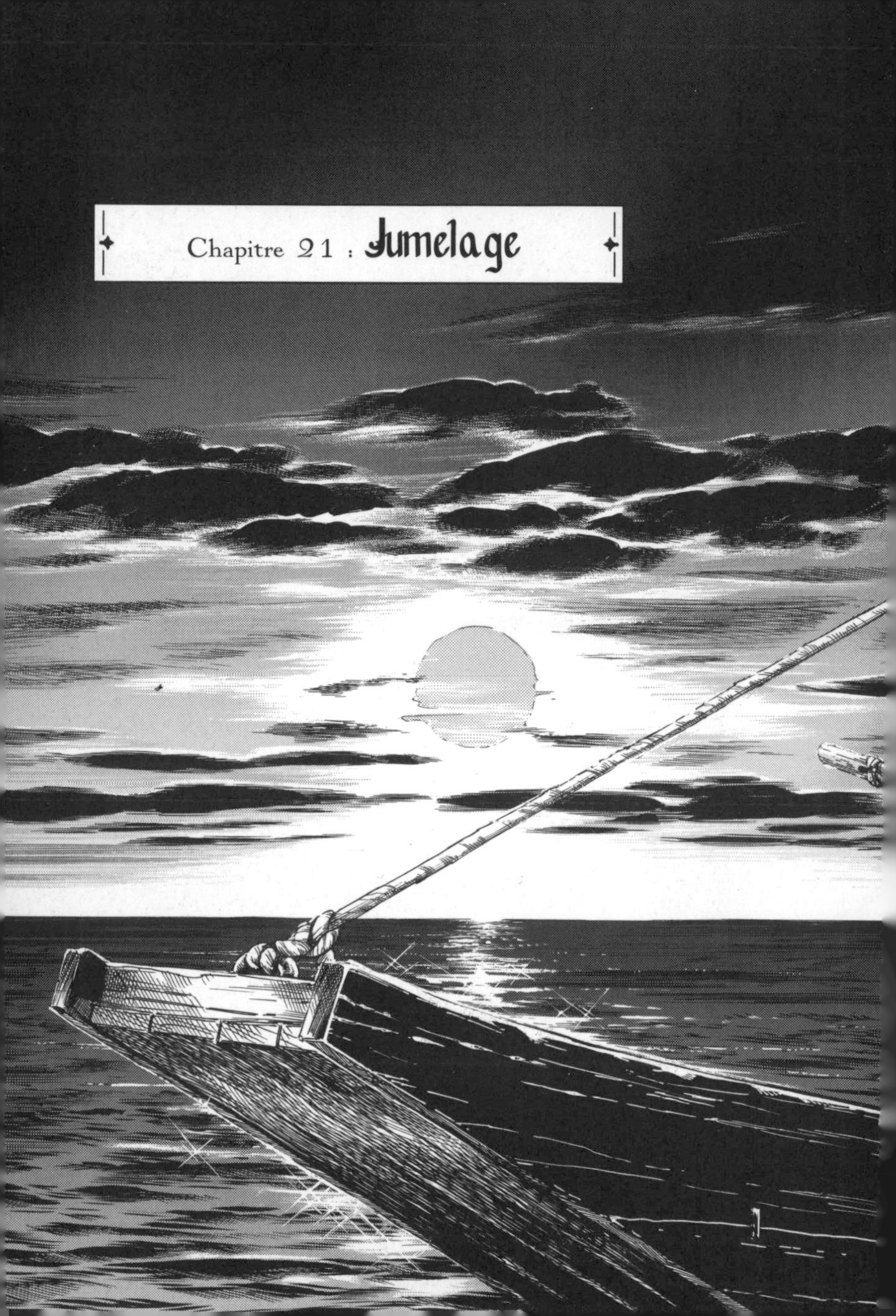
Chapitre 21 : Jumelage

...
JE LE SAVAIS !
ON S'EN DOUTAIT UN PEU...
MAIS ON A QUAND MÊME LE DROIT DE RÊVER, NON ?!
QU'EST-CE QU'IL Y A DE MAL À ÇA ?!
PAS LA PEINE DE VOUS EN PRENDRE À MOI !

BEAU, AVEC PLEIN DE MOUTONS ...
ET QUI FERAIT TOUT CE QU'ON LUI DIT !
RIEN QUE ÇA !
BIZARREMENT, JE NE SUIS PAS SURPRIS...
QUELQU'UN DE BIEN PORTANT, RICHE...
ON VOULAIT JUSTE ÉPOUSER...
ON N'EST PAS ASSEZ BIEN POUR TOI ?!
COMMENT ÇA, UN PEU MIEUX ?!
JE VOUS RAPPELLE QU'ON N'Y EST POUR RIEN !
MAIS JE M'ATTENDAIS QUAND MÊME À UN PEU MIEUX ...
JE N'AVAIS PAS DE GRANDES ESPÉRANCES...
JE VOUS SIGNALE...
QUE C'EST PAREIL POUR NOUS !
NON, JAMAIS DE LA VIE !
DE QUOI VOUS PARLEZ ?! CRACHE LE MORCEAU !
QU...
C'EST DU PASSÉ, CETTE HISTOIRE !
QUAND EST-CE QUE TU VAS L'OUBLIER ?!
TU AIMES BIEN LES FILLES À FORTE POITRINE, SAMI !
AH OUI, C'EST VRAI QUE...
HEIN ?
VRAIMENT ?

DOM
VSH
BON-JOUR !
ON S'EST INVITÉES ...
COMME LES HOMMES RISQUENT D'EN AVOIR POUR UN MOMENT...
TENEZ, C'EST POUR VOUS !
OH, VOUS N'AURIEZ PAS DÛ !
ENTREZ, ENTREZ !
JE VAIS NOUS PRÉPARER DU THÉ !

BON, ON A BEAUCOUP DE CHOSES À METTRE AU POINT...
À COMMENCER PAR LA QUESTION DE LA DOT...
EN EFFET...
BIEN SÛR, DE NOTRE CÔTÉ, IL N'EST PAS QUESTION DE REGARDER À LA DÉPENSE...
MAIS PUISQUE C'EST NOUS QUI PRENONS EN CHARGE LES FRAIS DE LA CÉRÉMONIE...
LE RIZ, LES MOUTONS...
CONCRÈTEMENT, IL Y A DES LIMITES À CE QU'ON PEUT VERSER...
ALORS LÀ, JE T'ARRÊTE TOUT DE SUITE...
C'EST PAREIL POUR NOUS, ON VA FOURNIR TOUT LE MOBILIER ET LES USTENSILES POUR LE FOYER DES JEUNES ÉPOUX !
JE NE DEMANDE PAS L'IMPOSSIBLE...
MAIS JE NE VEUX PAS QUE MES FILLES AIENT UNE DOT AU RABAIS !
JE TE RASSURE, NOUS AVONS BIEN L'INTENTION D'ORGANISER UNE CÉRÉMONIE SOMPTUEUSE...
TES FILLES NE SERONT PAS À PLAINDRE !
DIRE QUE NOUS ALLONS UNIR NOS DEUX FAMILLES...
HI HI !
QUI L'EÛT CRU ?
HI !
JE M'EN DOUTAIS UN PEU, EN FAIT...
HI HI !
APRÈS TOUT, CES QUATRE-LÀ ÉTAIENT TOUJOURS FOURRÉS ENSEMBLE, ÉTANT PETITS !
CHOMP
CHOMP
モチャ
モチャ

EN TANT QUE PÈRE, JE SOUHAITE LEUR OFFRIR UNE CÉRÉMONIE DONT ILS PUISSENT ÊTRE FIERS !
ET CES NOCES SERONT UN GRAND JOUR POUR MES FILS...
ON NE PEUT PAS LÉSINER LÀ-DESSUS !
TRÈS JUSTE !
NON, NON ! CETTE DOT SERVIRA DE BAS DE LAINE À MES FILLES POUR LEUR VIE ENTIÈRE...
ON NE PEUT PAS CÉDER LÀ-DESSUS !
EXACT !
ET VOUS, VOUS NE SERIEZ PAS UN PEU PINGRES ?
SE MARIER, ÇA N'ARRIVE QU'UNE FOIS DANS UNE VIE...
VOUS NE SERIEZ PAS UN PEU RADINS ?
ÇA MARCHANDE SEC, À CE QUE JE VOIS !
VOUS VOULEZ MANGER UN MORCEAU ?
OH, MERCI !
AVEC PLAISIR !

ALORS, LA DISCUSSION AVANCE ?
EH BIEN, POUR ÊTRE FRANC...
JE COMPRENDS VOTRE POSITION, MAIS...
SI SEULEMENT VOUS POUVIEZ NOUS FAIRE QUELQUES CONCESSIONS...
EH OH !
ON A DÉJÀ CÉDÉ SUR BEAUCOUP DE CHOSES...
C'EST VOUS QUI VOUS OBSTINEZ !
VOUS POURSUIVREZ PLUS TARD !
D'ACCORD, J'AI COMPRIS...
PASSONS AU PRINCIPAL...
QUI VA ÉPOUSER QUI ?
EUH...
NE ME DITES PAS QUE...
CE N'EST PAS ENCORE DÉCIDÉ ?!
...

LAQUELLE CHOISIR ?
BAH ...
ÇA REVIENT AU MÊME, NON ?
NON MAIS OH !
QU'EST-CE QUE TU VEUX DIRE ?!
BEN QUOI, VOUS ÊTES IDENTIQUES EN TOUT...
ET VOUS ÊTES TOUJOURS ENSEMBLE !
ALORS ÇA, C'EST N'IMPORTE QUOI, ESPÈCE DE GOUJAT !
TU N'AS PAS LES YEUX EN FACE DES TROUS !
DANS CE CAS, JE VOUS ÉCOUTE ...
EN QUOI VOUS ÊTES DIFFÉRENTES ?
...
!!
!!
P...
PLEIN DE CHOSES, GROS MALIN !
PARFAITEMENT, C'EST LE JOUR ET LA NUIT !
VOUS AUSSI, VOUS VOUS RESSEMBLEZ, D'ABORD !
ET VOUS ÊTES TOUJOURS FOURRÉS ENSEMBLE !
QUOI ? JE RÊVE ...
EH LÀ !

ET SI VOUS ALLIEZ DISCUTER SEUL À SEULE ?
QUI SAIT CE QUE VOUS DÉCOUVRIREZ LES UNS SUR LES AUTRES ?
ON NE PEUT TOUT DE MÊME PAS DÉCIDER AU HASARD...
CHACUN DOIT FAIRE UN CHOIX !
COMME ÇA, VOUS POURREZ TOUS CHOISIR LA PERSONNE QUI VOUS PLAÎT !
BON...
ALORS POUR COMMENCER...

SAMAN VA ALLER AVEC LAYLA...
ET FARSAMI AVEC LEYLI !
AMUSEZ-VOUS BIEN !
ET NE PASSEZ PAS À L'ACTION TOUT DE SUITE !
PAPA ...
ILS VEU-LENT QU'ON PARTE SE PROMENER UN PEU...
OÙ EST-CE QU'ON VA ?
JE VEUX ALLER EN VILLE !
J'AI ENVIE DE VOIR LES SAL-TIMBAN-QUES !
TU NE PENSES QU'À T'AMU-SER !
MOI, J'AIMERAIS BIEN ALLER PÊCHER ...
ET MOI, ALORS ?!

ON N'A QU'À LAISSER LE HASARD DÉCIDER ...
PRENONS LA DIRECTION DANS LAQUELLE CE BÂTON TOMBERA !
TU NE T'ES PAS FOULÉ !
PLOC
BON, NOUS, ON VA PAR LÀ...
ET NOUS, PAR ICI !
GROUPE 1 : SAMAN ET LAYLA.
DIS...
ÇA VOUS ARRIVE D'ÊTRE SÉPARÉES ?
QU'EST-CE QUE TU RACONTES ?
BIEN SÛR QUE OUI !
VRAIMENT ?
JE NE VOUS AI JAMAIS VUES L'UNE SANS L'AUTRE...
JE T'ASSURE !
PAR EXEMPLE, LE JOUR OÙ LEYLI A EU DE LA FIÈVRE...
JE SUIS ALLÉE À LA PLAGE TOUTE SEULE !

RIEN D'AUTRE ?!
ET ?
C'EST TOUT ?!
...
AH, C'EST VRAI...
IL Y A EU CETTE FOIS-LÀ !
SI, ÉVIDEMMENT !
COMME LE JOUR OÙ MOI, J'AI EU DE LA FIÈVRE...
ET OÙ JE SUIS RESTÉE SEULE À LA MAISON !
EUH ...
EUH...
ELLE N'EST PAS LÀ, JE TE SIGNALE...
EN TOUT CAS, JE PEUX ME PASSER D'ELLE !
TU VIENS, LEYLI ?!
LA FORCE DE L'HABITUDE, HEIN ?
MA LANGUE A FOURCHÉ, C'EST TOUT !
C'EST BON, JE SAIS !

ÇA FAISAIT LONGTEMPS QUE JE N'ÉTAIS PAS PASSÉ PAR LÀ...
TAP
OÙ EST-CE QUE TU VAS ?!
VSH
VSH

QU'EST-CE QUE TU FICHES ?
ON PEUT VOIR CET ARBRE DE LA MER...
J'AI TOUJOURS EU ENVIE D'Y GRIMPER !
...
SAM !
QU'EST-CE QUE TU ATTENDS ? FAIS-MOI LA COURTE ÉCHELLE !

PLOF
!!
GH...
CRR
MONTE, TOI AUSSI !
NE RESTE PAS PLANTÉ LÀ !

C'EST VRAI.
ON VOIT LA MER !

TU SAIS...
JE SUIS D'ACCORD POUR QU'ON SE MARIE !
...
TU ES SÛRE QUE TU NE PRÉFÈRES PAS SAMI ?
DE TOUTE FAÇON, ÇA REVIENT AU MÊME...
CE N'EST PAS LE MARIAGE DONT JE RÊVAIS !
...
TU SAIS, LAYLA...

JE NE SUIS JAMAIS TOMBÉ MALADE...
ET MÊME SI MA FAMILLE N'EST PAS TRÈS RICHE, J'AI BIEN L'INTENTION DE TRAVAILLER DUR POUR GAGNER BEAUCOUP D'ARGENT !
JE NE PEUX RIEN CHANGER À MON VISAGE...
MAIS SI C'EST DES MOUTONS QUE TU SOUHAITES, JE T'EN ACHÈTERAI ...
ET JE VEUX BIEN FAIRE CE QUE TU ME DEMANDERAS, DANS LA MESURE DU POSSIBLE !
VRAIMENT ?
OUI !
ALORS NE DIS PAS QUE ÇA REVIENT AU MÊME !
ET MOI AUSSI, JE TÂCHERAI DE TE CONSIDÉRER...
COMME QUELQU'UN DE DIFFÉRENT DE TA SŒUR !
D'ACCORD ...

TU FERAS TOUT CE QUE JE TE DEMANDERAI, ALORS ?!
...
OUI...
DANS CE CAS, LA PRO-CHAINE FOIS, EMMÈNE-MOI EN VILLE !
UN JOUR OÙ IL Y AURA PLEIN DE SALTIM-BANQUES !
EN-TENDU ...
C'EST PROMIS !

OH...
LEYLI ET SAMI !
HEIN ?
OÙ ÇA ?!
LEYLI !!
SAMI !
GROUPE 2 : FARSAMI ET LEYLI.
OH, LA CHANCE !
J'AI TOUJOURS EU ENVIE DE GRIMPER À CET ARBRE !

TU VEUX RENTRER ?
NON, TANT PIS... PUISQU'ON EST LÀ AUTANT EN PROFITER !
QUAND MÊME, PAPA EXAGÈRE...
C'EST À SE DEMANDER S'IL TIENT À NOUS !
...
MAIS BIEN SÛR QUE OUI, C'EST POUR ÇA QU'IL VOUS LAISSE LE CHOIX !
TU VEUX TE MARIER AVEC MOI ?
C'EST CE QUE JE SUIS EN TRAIN DE ME DEMANDER...
SI C'EST CE QUE TU SOUHAITES, JE SUIS D'ACCORD !
CE N'EST PAS COMME S'IL Y AVAIT UNE DIFFÉRENCE ENTRE VOUS...
TU FERAS AUSSI BIEN L'AFFAIRE !
ARRÊTE DE JUGER LES GENS À L'EMPORTE-PIÈCE !
BEN QUOI, QU'EST-CE QUI VOUS DISTINGUE ?
VOUS ÊTES PAREILS !
...

JE LANCE BEAUCOUP MIEUX LE HARPON QUE MON GRAND FRÈRE !
AH OUI ?
JE PEUX MÊME ATTRAPER UN REQUIN DU PREMIER COUP.
C'EST VRAI ?!
UNE MINUTE ...
DEPUIS QUAND TU ES AUSSI DOUE ?!
J'AI CHANGÉ, DEPUIS QU'ON ÉTAIT PETITS !
MOI AUSSI, JE VEUX LANCER LE HARPON !
PRÊTE-M'EN UN !

PFF ...
ENCORE RATÉ !
SPLATCH
ALLEZ !
TU VAS TOUCHER TA CIBLE, OUI ?!
SPLATCH
SPLATCH
C'EST CE QUE JE FAIS !
LANCE DROIT !
ALORS EMMÈNE-NOUS AIL-LEURS !
...
D'AC-CORD...
IL N'Y A MÊME PAS DE POIS-SON !
LE BRUIT A DÛ LES EFFRAYER ...

IL EST TORDU, TON TRUC !
IL N'AURAIT PAS UN PROBLÈME, CE HARPON ?
IMPOSSIBLE D'ATTEINDRE LE MOINDRE POISSON !
SPLATCH
SPLATCH
MAIS D'ABORD, ON CHANGE D'EMPLACEMENT...
PASSE-LE-MOI...
LÀ, TU VOIS !
FLAP
FLAP

COMMENT EST-CE QUE TU AS FAIT ?!
MONTRE-MOI ENCORE UNE FOIS !
ARRÊTE DE CRIER, LES POISSONS VONT S'ENFUIR !
PFF...
LE TRUC...
C'EST DE NE PAS VISER L'ENDROIT OÙ SE TROUVE LE POISSON...
MAIS L'ENDROIT OÙ IL SERA AU MOMENT DE L'IMPACT !
C'EST PAREIL POUR LA PÊCHE AU FILET.
TU REPÈRES UNE PROIE...
TU VISES LÀ OÙ ELLE VA...
TU LANCES...
ET HOP !
...
PAS MAL...
DONNE-MOI ÇA !
JE VAIS RÉESSAYER !
YAAH !
ALLEZ !

DIS, LAYLA...
QUI TU PRÉFÈRES, TOI ?
COMMENT ÇA ?
ENTRE LES DEUX !
HMM... À CHOISIR, SAM, PEUT-ÊTRE...
MOI, JE CROIS QUE J'AIMERAIS MIEUX SAMI !
INCROYA-BLE !
ON A RÉUSSI À CHOISIR, ALORS ?!

AVEC SAMI, ON S'AMUSE BIEN, ET IL ME LAISSE FAIRE CE QUE JE VEUX SANS SE PLAINDRE !
AVEC SAM, ON SE COMPREND, ET IL FAIT TOUT CE QUE JE LUI DEMANDE !
CE CHOIX VOUS CONVIENT À TOUS LES DEUX ?
OUI.
JE VOIS ...
VOUS AVEZ DÉCIDÉ ...
C'EST RÉGLÉ !
PAPA, PAPA !

D'ACCORD... DANS CE CAS, ON IRA EN DISCUTER DEMAIN !
...
SAM ...
POURQUOI SPÉCIALEMENT LAYLA ?
JE NE SAIS PAS TROP, COMME ÇA...
ET TOI ?
PAREIL ...
J'IGNORE POURQUOI, MAIS JE PRÉFÈRE LEYLI !
...

QU'EST-CE QUI T'ARRIVE ?
POURQUOI EST-CE QUE TU VOULAIS QU'ON SE RETROUVE ICI ?
TU VERRAS, VIENS !
PERSONNE NE T'A VUE, HEIN ?
QU'EST-CE QUE TU FABRIQUES ?
TIENS-MOI ÇA UNE SECONDE ...
C'EST QUOI ?
PLOC

UNE PERLE !
HEIN ?
UNE PERLE ?!
C'EST À ÇA QUE ÇA RESSEMBLE ?!
CRAC
AÏE !

ÇA ALORS... C'EST LA PREMIÈRE FOIS QUE J'EN VOIS UNE !
ON DIRAIT UNE GOUTTE D'ÉTOILE !
N'EN PARLE À PERSONNE...
C'EST MOI QUI L'AI TROUVÉE !
JE VOULAIS L'OFFRIR À CELLE QUE J'ÉPOUSERAIS...
JE NE M'ATTENDAIS VRAIMENT PAS À CE QUE CE SOIT TOI...
MAIS...
JE TE LA DONNE !

...
SAMI...
JE CROIS QUE JE T'AIME VRAIMENT BEAU-COUP !
PAS LA PEINE D'EN FAIRE DES TONNES !
MAIS C'EST VRAI !
TU ME PLAIS DE PLUS EN PLUS...
À BIEN Y REGARDER, MÊME TES CHEVEUX EN BATAILLE ET TON REGARD TERNE...
ONT UN CERTAIN CHARME !
TU SAIS ...
QUAND J'AURAI UN PEU GRANDI, JE PENSE QUE J'AURAI DE PLUS GROS SEINS...
ÇA TE FERAIT PLAISIR ?
JE TE DIS QUE C'EST DU PASSÉ !

LES ACROBATES, AUSSI !
ET PUIS JE VEUX REMONTER SUR LA BALANÇOIRE ET LA GRANDE ROUE !
DE TOUS LES SALTIM-BANQUES...
C'EST L'ORCHESTRE DANSANT QUE J'AI PRÉ-FÉRÉ !
SI, SI ! D'AUTANT QUE J'AI PU ACHE-TER...
UNE NOUVELLE ROUE POUR LE CHARIOT !
JE VOIS ...
TANT MIEUX !
ÇA FAISAIT LONGTEMPS QUE JE N'ÉTAIS PAS ALLÉ EN VILLE...
QUOI ?!
TU NE T'ES PAS AMUSÉ, TOI ?!

D'AILLEURS, C'EST QUOI TOUS CES OBJETS QUE TU AS ACHETÉS ?
UN SOUVENIR POUR LEYLI !
ET PUIS UN POUR MON PÈRE, UN POUR MA MÈRE, D'AUTRES POUR MES PETITS FRÈRES...
MON GRAND-PÈRE, MA GRAND-MÈRE, MES TANTES...
TOUTE LA FAMILLE, QUOI !
EN FAIT...
TU AS DE BONS CÔTÉS, MINE DE RIEN !
SI TU ÉTAIS JUSTE UN PEU PLUS BEAU...
TU POURRAIS ME PLAIRE !
...
AH OUI ?
DIS, TU M'EMMÈNERAS ENCORE EN VILLE ?
SI TU VEUX ...
VRAIMENT ?
PROMIS !

ALLEZ ...
TU PEUX ME DONNER UN BAISER !
CRÉTIN !
QU'EST-CE QUI T'A PRIS ?!
MAIS C'EST TOI QUI M'AS DEMANDÉ !
POURQUOI EST-CE QUE TU ME FRAPPES ?!
JE VOULAIS QUE TU M'EMBRASSES SUR LA JOUE OU LE FRONT !
OÙ EST LE PROBLÈME ? ON VA SE MARIER, DE TOUTE FAÇON !
ESPÈCE DE MALOTRU, IL VA FALLOIR ASSUMER TES ACTES !
HMM ...
VU COMME ÇA...
EN TOUT CAS, C'EST MAL DE FAIRE ÇA AVANT LE MARIAGE !
OK, J'AI EU TORT !

JE SUIS REVENUE !
MOI AUSSI !
ALORS, LAYLA...
C'ÉTAIT BIEN, LA VILLE ?
TOI D'ABORD !
OÙ EST-CE QUE VOUS ÊTES ALLÉS ?
OH, DANS LE COIN ...
ET TOI, C'ÉTAIT COMMENT ?
HÉ HÉ...
JE ME SUIS PLUTÔT BIEN AMUSÉE !
DÉSOLÉE POUR TOI, LAYLA...
DÉSOLÉE POUR TOI, LEYLI...
MAIS C'EST MON FIANCÉ LE MEILLEUR !
HI HI HI HI !

PATRON !
MONSIEUR SMITH !
C'EST L'HEURE DU REPAS !
ARRÊTEZ-VOUS DÈS QUE POSSIBLE ET VENEZ MANGER !
D'ACCORD !
JE FINIS JUSTE D'EXAMINER CET ENFANT ...
DÉSOLÉ, MAIS...
EST-CE QUE VOUS POUVEZ ATTENDRE UN PEU ?
PLOF
PLOF
PLOF
BRRRM

TIENS ?
TU NE VIENS PAS ?
NON, SANS FAÇON ...
JE ME CONTENTERAI DE PAIN ET DE THÉ !
HEIN ?
MAIS ...
POURTANT...
ÇA NE VOUS DÉRANGE PAS, VOUS ?
?
QUOI DONC ?
MOI, JE N'AIME PAS TROP LE POISSON...
À FORCE D'EN MANGER TOUS LES JOURS, J'AI L'IMPRESSION QU'IL VA ME POUSSER DES ÉCAILLES !
AH ...
VRAIMENT ?!
VOUS AIMEZ ÇA, VOUS ?
OUI, D'AILLEURS J'EN MANGEAIS SOUVENT DANS MON PAYS...
JE N'EN AVAIS QUASIMENT PAS VU DEPUIS MON ARRIVÉE ICI...
ALORS JE SUIS CONTENT D'EN AVOIR DE NOUVEAU À TABLE !
...

BON...
CELA MIS À PART...
IL SERAIT PEUT-ÊTRE TEMPS DE PARTIR D'ICI !
C'EST-À-DIRE QUE...
CES GENS ATTENDENT DEPUIS LONGTEMPS, ET...
JE SAIS...
MAIS PLUS VOUS RESTEREZ ICI, PLUS ILS SERONT NOMBREUX !
MON TRAVAIL, C'EST DE VOUS ESCORTER JUSQU'À VOTRE DESTINATION...
À CE RYTHME, ON N'EST PAS PRÈS D'ARRIVER !
EN EFFET...
IL FAUT LE RECONNAÎTRE...
NOUS PARTIRONS DEMAIN !
QUOI ?!
DÉJÀ ?!
LE PLUS TÔT SERA LE MIEUX !
JE FERAI LES BAGAGES DANS LA JOURNÉE !
AAH...

DOCTEUR, VOUS NOUS QUITTEZ ?
EST-CE QUE VOUS POURRIEZ AU MOINS EXAMINER MON ENFANT ?
DOCTEUR !
S'IL VOUS PLAÎT !
DOCTEUR !
...
À PROPOS...
POUR LES NOCES DE LAYLA ET DE LEYLI...
TOUT EST QUASIMENT RÉGLÉ !
ON VA BIENTÔT FIXER LA DATE...

CRR
ALI, ALI !
?
QU'EST-CE QUI SE PASSE ?
APPAREMMENT, IL VA BIENTÔT Y AVOIR UN MARIAGE DANS CETTE MAISON !
UN MARIAGE ?
C'EST UNE OCCASION INESPÉRÉE, POUR MOI !
ON NE POURRAIT PAS RE-POUSSER NOTRE DÉPART ?
CÉRÉMONIE
BANQUET
BONNE CHÈRE
MOUTON ET RIZ
BIEN SÛR, PAS DE PRO-BLÈME !
IL FALLAIT LE DIRE TOUT DE SUITE !
ÇA CHANGE TOUT !
MERCI À VOUS, C'EST TRÈS GENTIL !
PLAF
PLAF

LE GRAND JOUR APPROCHE !
TOUTEFOIS, AVANT LA CÉRÉMONIE...
J'AI CERTAINES CHOSES À VOUS APPRENDRE, EN TANT QUE MÈRE...
QUOI DONC ?
SI C'EST AU SUJET DU MONTANT DE LA DOT, ON EST DÉJÀ AU COURANT !
ÇA NE PÈSE PAS LOURD, MAIS C'EST LA VIE !
NON, IL S'AGIT D'AUTRE CHOSE !
J'AI RÉFLÉCHI, DEPUIS VOS FIANÇAILLES ...
IL NE NOUS RESTE PLUS BEAUCOUP DE TEMPS À PASSER ENSEMBLE...
VOUS AVEZ BIEN GRANDI !
MÊME SI JE SUIS TRISTE DE VOUS VOIR PARTIR...
L'IDÉE DE VOUS VOIR VOLER DE VOS PROPRES AILES ME REMPLIT DE JOIE !
MAMAN ...
NE PLEURE PAS, ON TE RENDRA VISITE DE TEMPS EN TEMPS !
C'EST VRAI, ON NE PART PAS TRÈS LOIN !
D'UN AUTRE CÔTÉ ...

JE SUIS UN PEU INQUIÈTE !
PARFOIS, JE ME DEMANDE SI VOUS SAUREZ APPLIQUER CE QUE J'AI ESSAYÉ DE VOUS EN-SEIGNER...
SI VOUS VOUS EN SORTIREZ DANS VOTRE RÔLE DE MAÎTRESSE DU FOYER ...
MAIS OUI !
FAIS-NOUS CONFIANCE !!
SILENCE !
AFIN QUE VOUS NE SOYEZ PAS LA RISÉE DE VOTRE NOUVELLE FAMILLE ...
POUR LE BIEN DES ENFANTS QUE VOUS AUREZ UN JOUR...
ET AVANT TOUT DANS VOTRE PROPRE INTÉRÊT...
BAM
VOUS VOUS CROYEZ PEUT-ÊTRE AU POINT...
MAIS DE MON POINT DE VUE, C'EST LOIN D'ÊTRE LE CAS !

Chapitre 22 : Entraînement intensif pour jeune mariée

ON N'A PAS BESOIN D'UN TRUC PAREIL !
ÇA NON !
EN PLUS, ÇA VA NOUS FATIGUER POUR LE JOUR DES NOCES !
ON VEUT QUE TOUT LE MONDE NOUS TROUVE RESPLENDISSANTES !!
COMMENT ?!
CE N'EST PAS LE PROBLÈME !
QU'EST-CE QUI EST LE PLUS IMPORTANT POUR VOUS, VOTRE AVENIR OU VOTRE APPARENCE PENDANT UNE SEULE JOURNÉE ?!
L'APPARENCE, HEIN ?
OUI, CLAIREMENT !
BAM
JE COMPRENDS VOTRE POINT DE VUE...
MAIS JE NE SUIS PAS DU MÊME AVIS !
C'EST EN S'ACQUITTANT CORRECTEMENT DE SON RÔLE DE MÈRE ET D'ÉPOUSE ...
QU'ON OBTIENT LE RESPECT DES AUTRES !
C'EST DANS VOTRE INTÉRÊT QUE JE...

HALTE-LÀ !!
VSH
VOUS ALLEZ M'ÉCOUTER JUSQU'AU BOUT !
NON !
LAISSE-NOUS SORTIR !
JE N'AI PAS LE SOUVENIR DE VOUS AVOIR AUSSI MAL ÉLEVÉES !!
PLUS QU'UN MOIS AVANT LA CÉRÉMONIE...
LE TEMPS NOUS MANQUE !
JE VAIS VOUS APPRENDRE À VOUS OCCUPER DE LA CUISINE, DU MÉNAGE ET DES ENFANTS EN Y METTANT VOS TRIPES ...
JUSQU'À CE QUE ÇA VOUS SOIT BIEN RENTRÉ DANS LE CRÂNE !!
QU'EST-CE QU'ON DIT ?!
OUI, MAMAN !

D'ABORD, LA CUISINE !!
ÉCOUTEZ-MOI BIEN...
LES REPAS QUOTIDIENS SONT LA BASE DE TOUT !
EN EFFET, NOURRIR VOTRE FAMILLE SANS GASPILLER LA NOURRITURE, QUOI QU'IL ARRIVE...
C'EST VOTRE DEVOIR LE PLUS ÉLÉMENTAIRE !
QU'EST-CE QUE C'EST QUE CETTE CORDE ?
N'Y PRÊTEZ PAS ATTENTION...
C'EST JUSTE POUR DÉCORER !
POUR L'INSTANT, ESSAYEZ DE PRÉPARER UN REPAS DE RAGOÛT ET DE FRITURES TOUTES SIMPLES !
QUOI ?
VOUS EN ÊTES CAPABLES, QUAND MÊME ?
JE VOUS AI MONTRÉ LA MARCHE À SUIVRE DES CENTAINES DE FOIS !
OUI...
ON PEUT LE FAIRE !
RIEN DE PLUS FACILE !
FLOP もた
FLOP もた
FLOP もた
FLOP もた。

VOUS VOUS Y PRENEZ COMME DES MANCHES !!
COOOT
FLAP
FLAP
AAH !
CUISINER NE DEVRAIT PAS VOUS POSER DE PROBLÈME !!
VOUS AUREZ UNE MONTAGNE D'AUTRES TÂCHES À ACCOMPLIR !
COT
COT
COMMENCEZ PAR FAIRE BOUILLIR L'EAU !
COUPEZ LES LÉGUMES À L'AVANCE !
SPLASH
AAH !
NE GASPILLEZ JAMAIS L'EAU !!
CHAQUE GOUTTE A AUTANT DE VALEUR QU'UNE GOUTTE DE SANG !
L'EAU QUE VOUS RENVERSEZ, C'EST DE LA VIE QUE VOUS DILAPIDEZ !
ET N'OUBLIEZ SURTOUT PAS...
DE PRÉVOIR DE GROSSES QUANTITÉS !
ON NE SAIT JAMAIS QUAND DES INVITÉS VONT DÉBARQUER ...
QUE CE SOIT DE LA FAMILLE, DES AMIS OU AUTRES...
NE PRÉPAREZ PAS LES FRITURES EN PREMIER, J'AI DIT !
ELLES VONT REFROIDIR !

LE DÉSORDRE D'UNE PIÈCE REFLÈTE CELUI DE L'ÂME !
GARDER SA MAISON PROPRE EST AUSSI UNE TÂCHE IMPORTANTE !
PASSONS AU MÉNAGE !!
ON FAIT DÉJÀ LE MÉNAGE TOUS LES JOURS...
ON N'A RIEN DE PLUS À APPRENDRE !
もぐ もぐ
HUMF... HUMF...
QUOI ?
TU ES BIEN SÛRE DE TOI !
L'ASSURANCE DE L'HABITUDE NOUS REND ENCLIN À NÉGLIGER LE TRAVAIL !
C'EST UNE ERREUR TYPIQUE !

N'OUBLIEZ PAS DE VÉRIFIER SOUS L'ESCALIER... AYEZ L'ŒIL À TOUT !
IDEM POUR LE CHÂSSIS DES FENÊTRES, OÙ VA SE LOGER LA POUSSIÈRE !
REGARDEZ CE COIN, PAR EXEMPLE ! IL FAUT LE NETTOYER À FOND !
MÊME CHOSE POUR LA LITERIE !
NETTOYEZ DE FOND EN COMBLE NON SEULEMENT LES ENDROITS QU'ON VOIT, MAIS AUSSI CEUX QU'ON NE VOIT PAS !
ALIGNEZ BIEN LES COUVERTURES QUAND VOUS LES EMPILEZ !
TRAQUEZ LES RESTES DE REPAS ...
ÇA ATTIRE LES FOURMIS !
RANGEZ TOUJOURS LES COUSSINS AU MÊME ENDROIT QUAND ILS NE SERVENT PAS !
SORTEZ LES TAPIS ET BATTEZ-LES UNE FOIS PAR SEMAINE !

ET MAINTENANT, S'OCCUPER DES EN-FANTS !!
EH LÀ !
TENEZ-VOUS DROITES !
MAIS À QUOI SERT CET EXER-CICE ?!
ON A UN PUITS JUSTE DERRIÈRE CHEZ NOUS, EN PLUS !
QUEL RAPPORT AVEC LES GOSSES ?!
HA !
QUES-TION STU-PIDE !!

LE PREMIER PILIER DE LA GARDE D'ENFANTS, C'EST LA FORCE PHYSIQUE !
LE DEUXIÈME, LA FORCE PHYSIQUE AUSSI !
LE CINQUIÈME : LA FORCE PHYSIQUE ! IL N'Y A PAS DE TROIS NI DE QUATRE !
DITES-VOUS QUE SI VOUS N'ÊTES PAS CAPABLES DE COURIR AVEC DEUX OU TROIS ENFANTS DANS LES BRAS...
VOUS NE POURREZ PAS LES PROTÉGER EN CAS DE DANGER !!
ET MAINTENANT, LE POINT CRUCIAL...
L'USAGE MÉDICAL DES ÉPICES !
CANNELLE ET CARDAMOME BOUILLIES DANS LE LAIT CONTRE LES MAUX D'ESTOMAC...
CUMIN ET CLOUS DE GIROFLE CONTRE LE RHUME...
LE GINGEMBRE ARRÊTE LA TOUX, LA NOIX DE MUSCADE, LA DIARRHÉE...
BLA
BLA
LES CLOUS DE GIROFLE, LE MAL DE DENTS...
LE SAFRAN AMÉLIORE LA CIRCULATION SANGUINE ET CALME LES RÈGLES DOULOUREUSES...
FLOP
FLOP
FLOP
QU'EST-CE QUI LEUR ARRIVE ?
JE LEUR AI PEUT-ÊTRE UN PEU TROP BOURRÉ LE CRÂNE...

VOICI LES ROBES DE MARIÉES QUE VOUS AVEZ LAISSÉES EN PLAN...
BIEN ...
TERMINEZ-LES AVANT LA CÉRÉMONIE !
HEIN ?!
ON NE PEUT PAS CONFIER ÇA À QUELQU'UN DE PLUS DOUÉ ?!
IL Y A BIEN DES GENS DONT C'EST LE TRAVAIL !
PAS QUESTION !
L'HABIT DE NOCES, C'EST QUELQUE CHOSE QU'ON DOIT COUDRE SOI-MÊME !
QUOI ?! FAIS-LE, TOI !
OUI, CE SERA BIEN PLUS BEAU !
BOUH !
COT
COT
COT
COT
...

BON-JOUR ...
VOUS ÊTES LÀ ?!
OOH ...
CE SONT VOS RO-BES ?!
ELLES SONT MAGNI-FIQUES !
SALUT, FRANGINE ...
VOUS VOUS DÉPÊ-CHEZ...
DE LES FINIR...
AVANT LE GRAND JOUR, C'EST ÇA ?
BON, JE VAIS VOUS FILER UN COUP DE MAIN !
J'AI TOU-JOURS DU FIL ET UNE AIGUILLE SUR MOI !
ÇA VOUS DIT ?
TATIE !!
MERCI !!!
ALLEZ, FAITES VOIR...
ET LAISSEZ-MOI RESPIRER...
NE LES DORLOTE PAS TROP !
CES DEUX-LÀ, TU LEUR DONNES LA MAIN, ELLES TE PRENNENT LE BRAS !
BAH, OÙ EST LE MAL ?
ÇA VA ME RAPPELER MA JEUNESSE !

PLUS UNE ROBE DE MARIÉE A DE COUTURIÈRES, MIEUX C'EST…
ET PUIS …
ÇA PORTE BONHEUR !
C'EST SIMPLE, ON VIENDRA TE DEMANDER DE L'AIDE !
ON VA HABITER JUSTE À CÔTÉ…
VOUS POUVEZ RECEVOIR UN COUP DE MAIN POUR LES FINITIONS…
MAIS SI VOUS VOUS LA COULEZ DOUCE MAINTENANT, COMMENT VOUS EN SORTIREZ-VOUS QUAND VOUS AUREZ UN SOUCI, À L'AVENIR ?
SI JE VOUS L'AVAIS DIT TOUT DE SUITE, VOUS EN AURIEZ PROFITÉ !
TU NOUS AVAIS CACHÉ CETTE PARTIE, MAMAN…

ARRÊTEZ DE FAIRE LES CHOSES À MOITIÉ...
VOUS DEVEZ TOUT ACHEVER AVANT LE MARIAGE !
...
VOUS SAVEZ, ON NE SERA PAS LÀ ÉTERNELLE-MENT !
...
MAMAN ...
JE PEUX LAISSER JUSTE CETTE PARTIE DE CÔTÉ ?
NON !

TERMINÉ !
TU VOIS, ON A FINI !
C'EST BON, MAIN-TENANT ?!
OUI...
YAHOU !
ENFIN LIBRES !
UNE MINUTE !
ASSEYEZ-VOUS !
QU...
QUOI ENCORE ?
CETTE FOIS, ON EST PRÊTES, NON ?

LAYLA …
LEYLI …
IL ME RESTERAIT ENCORE TELLEMENT DE CHOSES À DIRE, MAIS JE N'AI PLUS LE TEMPS …
MON RÔLE S'ARRÊTE ICI !
MÊME SI VOUS N'ÊTES PAS PARFAITES …
VOUS ÊTES MES FILLES CHÉRIES, ET J'AI INVESTI EN VOUS TOUT CE QUE J'AVAIS EN MOI !
MAMAN …

N'OUBLIEZ PAS CE QUE JE VOUS AI APPRIS...
ET ENSEI-GNEZ-LE À VOS ENFANTS QUAND VOUS EN AUREZ !
PRO-MIS !
EN-TENDU ...
ÉCOUTEZ BIEN CE QUE VOS BEAUX-PARENTS VOUS DIRONT...
ET TÂCHEZ DE LEUR PLAIRE !

ESSAYEZ DE BIEN VOUS ENTENDRE AVEC VOS ÉPOUX...
N'EN FAITES PAS QU'À VOTRE TÊTE !
D'ACCORD ...

NE TOMBEZ PAS MALADES !
ET SURTOUT, PORTEZ-VOUS BIEN !
C'EST TOUT CE QUI M'IMPORTE !
MAMAN...

SNIF ...
MAMAAAN ...
MES CHÉRIES ...
FÉLICITATIONS POUR VOTRE MARIAGE...
VOTRE MÈRE EST COMBLÉE !
À suivre...

BON, ON Y VA !
À TOUT À L'HEURE !
FAITES BONNE ROUTE !
POURQUOI IL N'Y A QUE TOR-KAN QUI Y A DROIT ?!
MOI AUSSI, J'EN VEUX UN !
MOI AUSSI !
CHACUN SON TOUR !
QUAND VOUS AUREZ L'ÂGE, ON VOUS EN DONNERA UN AUSSI, SOYEZ PATIENTS !
PÈRE !
J'EN VEUX UN AVEC LES JARRETS BLANCS !
DES BALZANES ?
D'ACCORD, SI ON EN TROUVE UN BIEN...
ET UN AVEC UNE ROBE TOUTE BLANCHE, C'EST POSSIBLE ?
TU ES UN PEU JEUNE POUR UN CHEVAL BLANC...

Bonus : Le marché aux chevaux

TORKAN !
NE T'ÉLOIGNE PAS DE MOI !
YUSSUF !
QUOI DE NEUF ?
TU CHERCHES QUELQUE CHOSE ?
OUI, JE PENSE QU'IL EST TEMPS QUE MON FILS AIT UNE MONTURE !
ALLEZ, DIS BONJOUR !
BONJOUR, MONSIEUR !
OH, TU EN AS DE LA CHANCE !
TU AS DES CHEVAUX QUI FERAIENT L'AFFAIRE ?
ATTENDS VOIR...
IL VAUT MIEUX UN JEUNE, HEIN ?
OUI !
ET PAS TROP FOUGUEUX, C'EST UN ENFANT QUI VA LE MONTER !
CELUI-CI ?
IL EST TRÈS DOCILE !
UN PEU GRAND, PEUT-ÊTRE...
PÈRE, PÈRE !

MOI, J'AIME BEAUCOUP CELUI-LÀ !
LUI, LÀ !!
AH OUI ?
IL A L'ŒIL, C'EST UNE BONNE BÊTE !
ENCORE JEUNE, MAIS DÉJÀ HA-BITUÉ À LA SELLE...
ET IL N'A JAMAIS FAIT TOMBER PERSONNE !
IL NE S'EMPORTE PAS ?
NON, NON, IL EST TRÈS SAGE !
HMM ...
JE PEUX L'EMMENER FAIRE UN PETIT GALOP D'ESSAI ?
BIEN SÛR !

CLOP
ドッ
HUE !
CATACLOP
CATACLOP
CATACLOP
ALORS, QU'EN DIS-TU ?
PAS MAL...
IL EST OBÉIS-SANT ...
TU ES SÛR DE TON CHOIX ?
O...
OUI !!
...
TRÈS BIEN...
ON LE PREND !
C'EST COMBIEN ?
HMM... VOYONS VOIR...

JE T'APPRENDRAI COMMENT T'EN OCCUPER UNE FOIS QU'ON SERA RENTRÉS !
PÈRE ...
J'AIMERAIS LE CHEVAUCHER SUR LE CHEMIN DU RETOUR !
TROP DANGEREUX...
IL FAUT QU'IL S'HABITUE À TOI D'ABORD.
ÉCOUTE-MOI ATTENTIVEMENT...
SI TU PRENDS BIEN SOIN DE LUI, IL DEVIENDRA UN BON CHEVAL QUI TE RESTERA FIDÈLE...
ET SI TU LE NÉGLIGES, CE SERA UNE MAUVAISE MONTURE QUI N'ÉCOUTERA PAS CE QUE TU LUI DIS...
TOUT DÉPEND DE TOI !
CONSIDÈRE-LE COMME TON MEILLEUR AMI ET TRAITE-LE EN CONSÉQUENCE !
TU EN ES CAPABLE ?
O... OUI...
PÈRE !!
C'EST BIEN !

TOI AUSSI, TU TIENS BEAUCOUP À TON CHEVAL, ALORS ?
BIEN SÛR !
PLUS QU'À MOI ?
...
NON, TU ES PLUS IMPORTANT !

MAGNI-FIQUE !
ÇA, C'EST UNE BELLE MONTURE !
PRENDS-EN BIEN SOIN !
HUMPF
NE FAIS PAS CETTE TÊTE !
...
QU'EST-CE QUE JE POUVAIS LUI DIRE D'AUTRE ?!
METS-TOI À MA PLACE !

Fin

TADAM ! MANGA POSTFACE
"JE SUIS UN ENFANT DE LA MER*"
BONJOUR À TOUS, C'EST KAORU MORI !
DEPUIS QUE J'AI APPRIS QU'ON POUVAIT MONTER À DOS DE CHAMEAU DANS LES DUNES DE TOTTORI**, JE MEURS D'ENVIE D'Y ALLER !
JE NE TIENS PLUS EN PLACE !
PAR AILLEURS, COMME CETTE FOIS ON NE DISPOSE PAS DE BEAUCOUP DE PAGES POUR LA POSTFACE, P'TIT POIS VA ENTRER EN SCÈNE TOUT DE SUITE !
ÇA N'A PAS TRAÎNÉ !
AU FAIT, EN MONGOLIE ET EN ASIE CENTRALE, CE SONT DES CHAMEAUX DE BACTRIANE QU'ON TROUVE.
DROMADAIRE - COULEUR OCRE - PEU POILU
- ASSEZ SOMBRE - POILU
ILS VIVENT DANS DEUX ZONES GÉOGRAPHIQUES SÉPARÉES, UN PEU COMME LES ÉLÉPHANTS D'ASIE ET D'AFRIQUE...
DROMADAIRE → CHAMEAU
JE NE PIGE PAS TA COMPARAISON...
GLOBALEMENT, ILS VIVENT UN PEU AU NORD DES ÉLÉPHANTS...
ET POURQUOI EST-CE QUE TU NOUS FAIS UN COURS SUR LES CHAMEAUX ?
BREF, C'ÉTAIT LE VOLUME QUATRE !
OUAIS !
CETTE FOIS, UNE HISTOIRE DE JUMELLES...
ET C'ÉTAIT UN PEU SUR LE MÊME TON QUE LA POSTFACE.
BREF, À SUIVRE DANS LE PROCHAIN VOLUME !
C'EST TOUT ?!

* CHANSON POUR ENFANTS PUBLIÉE PAR LE MINISTÈRE DE L'ÉDUCATION JAPONAIS EN 1910, NDT.

** VILLE DE L'OUEST DU JAPON PRÈS DE LAQUELLE SE TROUVE UNE VASTE ÉTENDUE DE SABLE, NDT.

* DANS LA VERSION JAPONAISE UNIQUEMENT, NDT.

QUANT À LA DOT AU SUJET DE LA-QUELLE LES PÈRES SE DISPUTENT DANS CE TOME...
NON !
PAYE !
IL S'AGIT DE BÉTAIL ET D'ARGENT QUE LA FAMILLE DU MARIÉ VERSE À CELLE DE LA MARIÉE.
EN GÉNÉRAL, C'EST UNE SOMME TRÈS ÉLEVÉE...
L'ARGENT NE REVIENT PAS DIRECTE-MENT À L'ÉPOUSE ...
SA FAMILLE AUSSI LUI DONNE ASSEZ POUR NE JAMAIS ÊTRE DANS LE BESOIN DE TOUTE SA VIE.
MAIS COMME ON LA COUVRE SOUVENT DE CADEAUX EN PRÉVISION DE LA DOT ...
ELLE LUI SERT INDIREC-TEMENT DE PA-TRIMOINE À VIE ...
CECI PARCE QU'EN ASIE CENTRALE, AINSI QU'AU MOYEN ET PROCHE-ORIENT, LES PORTEFEUILLES DES ÉPOUX SONT COMPLÈTEMENT SÉPARÉS.
MÊME LE MARI NE PEUT PAS TOUCHER AU PORTEFEUILLE DE SA FEMME.
DÉPENSES QUOTIDIENNES, ETC.
COMMUN
FEMME
MARI
NON !
ABOULE !
C'EST POUR-QUOI ON VOULAIT À TOUT PRIX OBTENIR LA PLUS GROSSE SOMME POSSIBLE AVANT LE MARIAGE.
D'AILLEURS, LES BRODERIES DE QUALITÉ SE VENDANT TRÈS CHER...
QUOI ?!
ON POUVAIT AUSSI AUGMENTER SON PÉCULE SOI-MÊME, AVEC UN PEU DE TALENT...
ELLE ÉTAIT PLUTÔT SÉRIEUSE, CETTE POST-FACE !
NE TE MÉPRENDS PAS, JE SUIS QUELQU'UN DE TRÈS SÉRIEUX !
JE N'EN CROIS PAS UN MOT !
ET DONC, LE VOLUME CINQ CONTIENDRA LEUR CÉRÉ-MONIE DE MARIAGE !!
PUIS LE TEMPS TOUR-NERA À L'ORAGE ...
ET DES AVERSES DE FLÈCHES TEMPORAI-RES...
AVEC PAR ENDROITS DES TOUR-BILLONS DE ROMANCE ...
ON SE RETROU-VE AU PROCHAIN TOME !
AU REVOIR !
ET MERCI À TOUS CEUX QUI ONT RÉPONDU AU QUESTION-NAIRE !
VRAI-MENT !
FIN

ON S'EN VA !
HAN
HAN
HAN
EH LÀ !
REVIENS !
QU'EST-CE QU'IL Y A ?

...
TING

ALLEZ, VIENS !!

D0546645

Bride Stories, vol. 4
© 2012 Kaoru Mori
First published in Japan in 2012 by ENTERBRAIN, INC., Tokyo.
French translation rights arranged with ENTERBRAIN, INC.
through Tuttle-Mori Agency, Inc., Tokyo.

Édition française

Traduction :
Yohan Leclerc

Adaptation graphique :
Clair Obscur

ISBN : 978-2-35592-435-4
Dépôt légal : septembre 2012
Achevé d'imprimer en France par Hérissey (Eure)